怪《かい》盗《とう》グルーの偉《い》大《だい》なる泥《どろ》棒《ぼう》計《けい》画《かく》

ターゲットは……月《つき》!!

怪盗グルーの
泥棒

とうじょうじんぶつ Character

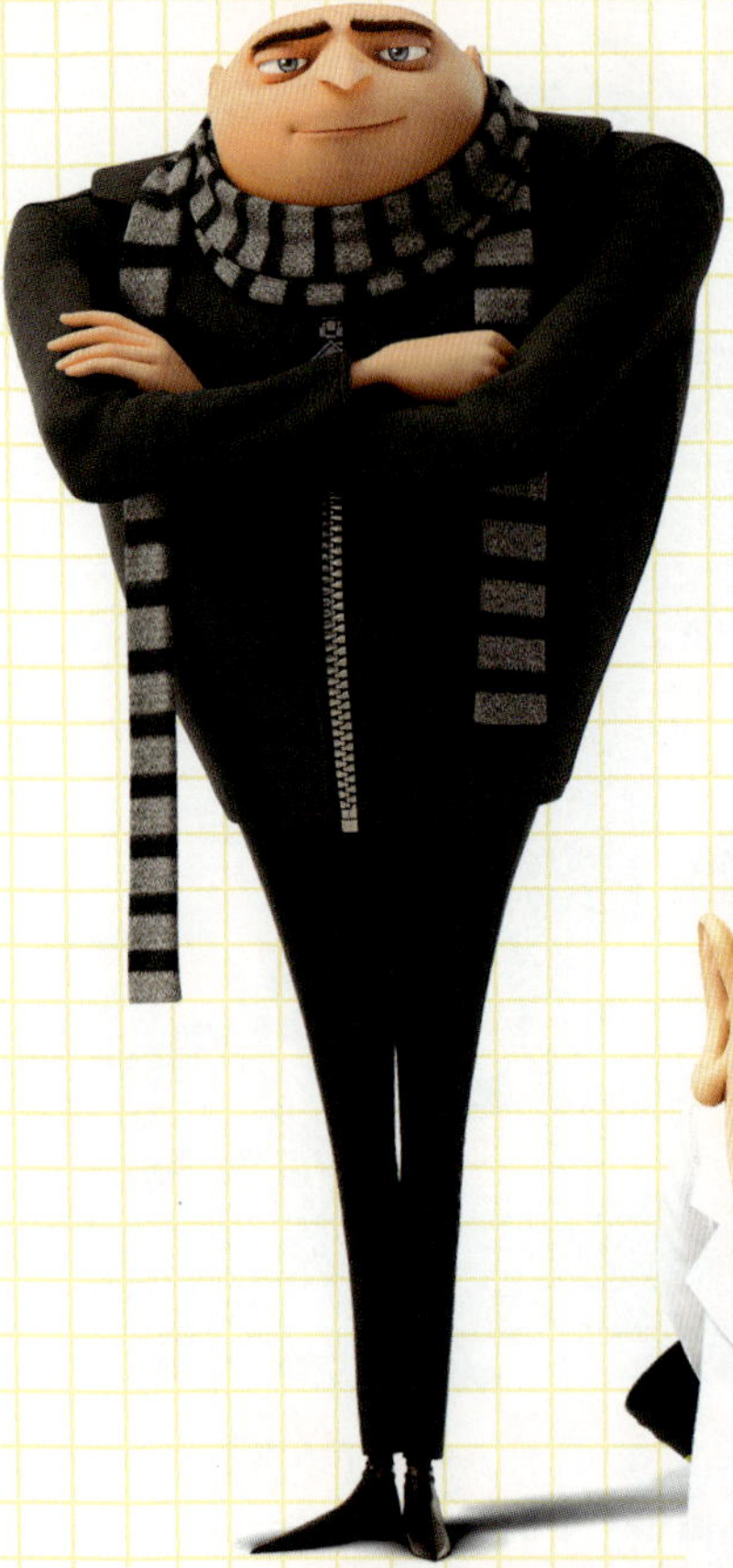

グルー

史上最高《しじょうさいこう》の悪党《あくとう》になることをめざしている怪盗《かいとう》。相棒《あいぼう》のネファリオ博士《はかせ》と一緒《いっしょ》に日々《ひび》悪事《あくじ》を働《はたら》いている。月《つき》を盗《ぬす》む計画《けいかく》を実行《じっこう》するため、養護施設《ようごしせつ》にいる三姉妹《さんしまい》を引《ひ》き取《と》ることにしたが……。

ネファリオ博士《はかせ》

科学《かがく》の力《ちから》を悪用《あくよう》する天才科学者《てんさいかがくしゃ》で、グルーから絶大《ぜつだい》な信頼《しんらい》をよせられている。

アグネス

三姉妹《さんしまい》の末《すえ》っ子《こ》。ピュアな心《こころ》の持《も》ち主《ぬし》。ユニコーンとフワフワしたものが大好《だいす》き。

マーゴ

三姉妹《さんしまい》の長女《ちょうじょ》。責任感《せきにんかん》が強《つよ》く、妹《いもうと》たちの世話《せわ》もきちんとするしっかり者《もの》。

イディス

三姉妹《さんしまい》の次女《じじょ》。とんでもなくいたずらが好《す》きで、いつも何《なに》かをたくらんでいる。

グルーのママ

グルーの母親《ははおや》。悪党《あくとう》の親《おや》だけあって、かなり手厳《てきび》しいことを言《い》うが、心《こころ》やさしい面《めん》も。

カイル

グルー家《け》の番犬《ばんけん》。

Minions
ミニオンたち

グルーの家《いえ》に集団《しゅうだん》で住《す》む、グルーに忠実《ちゅうじつ》な黄色《きいろ》い生物《せいぶつ》で、いたずらとバナナをこよなく愛《あい》する。何《なん》にでも興味《きょうみ》を持《も》つが、まとまりがなく、いつも大騒動《おおそうどう》になる。

Enemy
てき

ベクター

グルーのライバルの悪党《あくとう》。たいへんなオタクで、とんでもなく自信過剰《じしんかじょう》。自分《じぶん》の家《いえ》にこもりながら、いつもテレビゲームをするか、次《つぎ》の作戦《さくせん》を練《ね》りながら過《す》ごしている。

Story あらすじ

エジプトのギザにある大《だい》ピラミッドが何者《なにもの》かに盗《ぬす》まれ、世界中《せかいじゅう》で大騒《おおさわ》ぎに。〝史上最高《しじょうさいこう》の悪党《あくとう》〟をめざす怪盗《かいとう》グルーは強力《きょうりょく》なライバルの登場《とうじょう》にあせり、友人《ゆうじん》のネファリオ博士《はかせ》とミニオンたちと一緒《いっしょ》に月《つき》を盗《ぬす》む計画《けいかく》を立《た》てる。

月《つき》を盗《ぬす》むための資金《しきん》が足《た》りないグルーは、『悪《あく》党《とう》銀行《ぎんこう》』に借金《しゃっきん》を申《もう》しこむが、銀行《ぎんこう》は失敗続《しっぱいつづ》きのグルーには簡単《かんたん》にお金《かね》を貸《か》してくれない。月《つき》を盗《ぬす》むときに使《つか》う〝縮《ちぢ》ませ光線銃《こうせんじゅう》〟を見《み》せたら融資《ゆうし》を考《かんが》えると言《い》われたグルーは、東《ひがし》アジアの極秘研究所《ごくひけんきゅうじょ》から〝縮《ちぢ》ませ光線銃《こうせんじゅう》〟を盗《ぬす》むが、銀行《ぎんこう》で会《あ》ったベクターに奪《うば》われてしまう。

"縮《ちぢ》ませ光線銃《こうせんじゅう》"を当《あ》てると、大《おお》きな象《ぞう》が……

小《ちい》さくなった!!

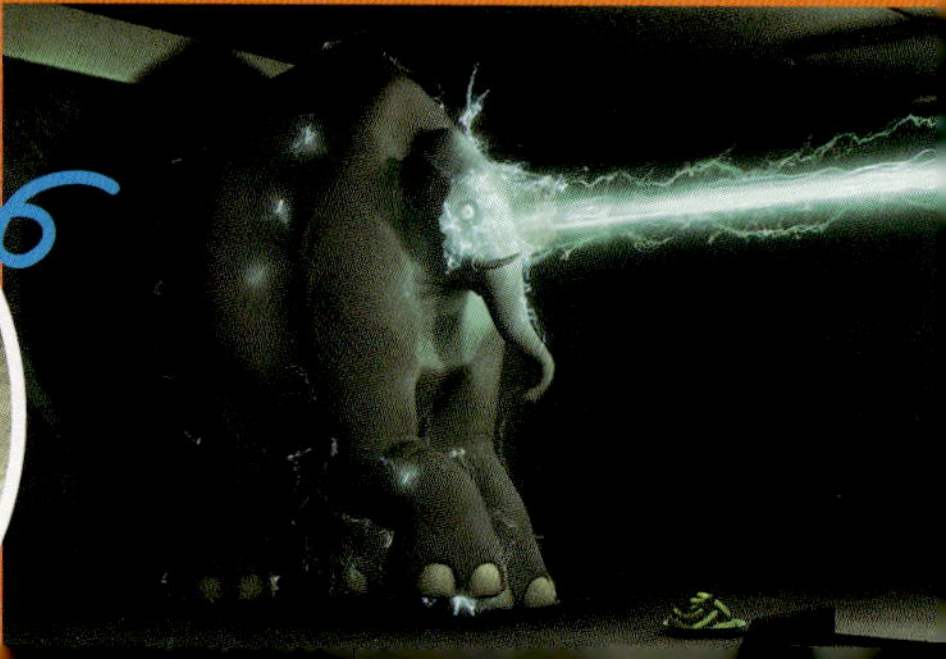

どんな侵入者《しんにゅうしゃ》も許《ゆる》さない、ベクターの家《いえ》だが……。

グルーは〝縮《ちぢ》ませ光線銃《こうせんじゅう》〟を取《と》り戻《もど》そうとベクターの家《いえ》に行《い》くが、要塞《ようさい》のように守《まも》られていて侵入《しんにゅう》すらできない。しかし、そこに通《とお》りかかった養護施設《ようごしせつ》で暮《く》らす三《さん》姉妹《しまい》がクッキーを売《う》りにくると、ベクターはあっさり家《いえ》に入《い》れてしまったのだ。

中《なか》の様子《ようす》さえうかがえないグルー。そこへ、三姉妹《さんしまい》が……。

三姉妹《さんしまい》を利用《りよう》すれば、“縮《ちぢ》ませ光線銃《こうせんじゅう》”を取《と》り戻《もど》せるかも……。

グルーのニセ履歴《りれき》をシステムに入力《にゅうりょく》!

三姉妹《さんしまい》を利用《りよう》することを思《おも》いついたグルーは、さっそく養《よう》護施設《ごしせつ》に行《い》き三姉妹《さんしまい》との養子《ようし》縁組《えんぐみ》を申《もう》し出《で》た。ミニオンの協《きょう》力《りょく》もあってグルーは三姉妹《さんしまい》を引《ひ》き取《と》ることになったが……。

グルーは"縮《ちぢ》ませ光線銃《こうせんじゅう》"を取《と》り戻《もど》せるのか?

月泥棒《つきどろぼう》の作戦《さくせん》とは、はたして――!

怪盗グルーの月泥棒

澁谷正子／著

★小学館ジュニア文庫★

プロローグ

ここはエジプト。世界《せかい》でも指折《ゆびお》りの観光地《かんこうち》だ。みんなの目当《めあ》ては、なんといっても、古代《こだい》の王《おう》の墓《はか》とされているピラミッド。なかでも有名《ゆうめい》なのは、ギザの砂漠《さばく》にある三大《さんだい》ピラミッドで、今日《きょう》も大勢《おおぜい》の観光客《かんこうきゃく》が世界中《せかいじゅう》から押《お》しよせている。

羊飼《ひつじか》いの男《おとこ》が羊《ひつじ》の群《む》れを連《つ》れてのんびり砂漠《さばく》を歩《ある》いていると、ブーン！　一台《いちだい》の観光《かんこう》バスが、砂漠《さばく》を突《つ》っ切《き》ってきた。おっと、危《あぶ》ない！　羊飼《ひつじか》いはあわててバスをよけた。

キキッー。バスはタイヤをきしませながら、ピラミッドの手前《てまえ》で停《と》まった。

窓際《まどぎわ》に、髪《かみ》をツンツン立《た》てた黒《くろ》いT《ティー》シャツ姿《すがた》の少年《しょうねん》が座《すわ》っている。つまらなそうにおもちゃの飛行機《ひこうき》をいじっていたが、ピラミッドを見《み》るとサングラスをずらし、窓《まど》に顔《かお》をくっつけて目《め》を輝《かがや》かせた。ワーオ、これがピラミッドか。

バスのドアがあき、カメラを手《て》にした観光客《かんこうきゃく》がおりてきた。少年《しょうねん》も、さっそく外《そと》に飛《と》びだしたが、途中《とちゅう》で足《あし》が止《と》まった。腰《こし》につけられている迷子防止用《まいごぼうしよう》のリードがピーンと張《は》り、それ以上歩《いじょうある》けない。リードのもう一方《いっぽう》の端《はし》を母親《ははおや》がしっかり握《にぎ》っているからだ。

母親《ははおや》がリードに引《ひ》っ張《ぱ》られながら、よたよたとバスからおりてきた。ピンクの花柄《はながら》のブラウスに白《しろ》のパンツ姿《すがた》の母親《ははおや》は、息子《むすこ》に叫《さけ》んだ。

「ジャスティン！　そこで止《と》まって！」

「おーい、母《かあ》ちゃん。俺《おれ》の写真《しゃしん》を撮《と》ってくれ！」

先《さき》にバスをおりていた父親《ちちおや》が、振《ふ》り向《む》いて母親《ははおや》に声《こえ》をかけた。でっぷり太《ふと》った体《からだ》にタンクトップとカウボーイハットという格好《かっこう》で、サングラスをかけている。

父親《ちちおや》は写真用《しゃしんよう》に両手《りょうて》を広《ひろ》げた。手《て》の上《うえ》にピラミッドが乗《の》っているように見《み》える構図《こうず》だ。

母親《ははおや》がカメラをかまえて写真《しゃしん》をパシャパシャ撮《と》りだすと、息子《むすこ》のジャスティンはチャンスとばかりに腰《こし》のリードをほどき、駆《か》けだした。〝ここから先《さき》は立《た》ち入《い》り禁止《きんし》〟の黒《くろ》と黄色《きいろ》のロープをくぐり、ピラミッド目《め》がけて走《はし》っていく。

「ジャスティン、戻《もど》ってらっしゃい！」

母親《ははおや》の止《と》める声《こえ》も聞《き》かずに、ジャスティンはおもちゃの飛行機《ひこうき》を手《て》にしたまま走《はし》りつづける。

ピラミッドの側面《そくめん》には補修工事用《ほしゅうこうじよう》の足場《あしば》が組《く》まれており、その上《うえ》に板《いた》がわたしてある。ジャスティンは板《いた》をずんずんのぼっていく。その姿《すがた》に気《き》づいた警備員《けいびいん》がふたり、あわててあとを追《お》いかけた。

「こら、そこのボク、待《ま》ちなさい！」

やがてジャスティンは、板《いた》の先端《せんたん》までたどりついた。そこは足場《あしば》のてっぺんだ。落《お》ちたら、たいへん！　警備員《けいびいん》たちはあせった。

「ボク、そこで止《と》まりなさい。落《お》っこちちゃうぞ！」

その声《こえ》に振《ふ》り向《む》いた拍子《ひょうし》に、ジャスティンの片足《かたあし》が板《いた》からずり落《お》ちた。

「ウワー！」

ジャスティンは悲鳴《ひめい》をあげ、真《ま》っ逆《さか》さまに板《いた》から落下《らっか》した。それを見《み》ていた警備員《けいびいん》たち、ジャスティンの両親《りょうしん》、観光客《かんこうきゃく》らは驚《おどろ》きのあまり息《いき》を呑《の》んだ。このままではピラミッドに激《げき》突《とっ》してしまう！

けれど、次《つぎ》の瞬間《しゅんかん》、みんなが思《おも》ってもみなかったことが起《お》きた。なんと激突《げきとつ》どころか、ジャスティンの体《からだ》は石《いし》のはずのピラミッドに沈《しず》み、ポーンと空高《そらたか》く跳《は》ねあがったのだ。

「ジャスティーン、こっちよ！」

両手《りょうて》をあげ、母親《ははおや》は叫《さけ》んだ。が、ジャスティンは母親《ははおや》の横《よこ》にいた父親《ちちおや》の上《うえ》に落下《らっか》した。

ああ、よかった。その場《ば》にいた人《ひと》たちは、胸《むね》を撫《な》でおろした。と同時《どうじ》に、きょとんとした顔《かお》になった。石《いし》でできているピラミッドに激突《げきとつ》して無事《ぶじ》でいるはずないのに。と、プシューッと大《おお》きな音《おと》が響《ひび》き、ピラミッドがみるみるうちにしぼんでいくではないか。

「大《だい》ニュースです！」

ニュースキャスターが緊張《きんちょう》した顔《かお》で告《つ》げた。テレビ画面《がめん》には、しぼんだピラミッドと、エジプトの警察《けいさつ》が自転車《じてんしゃ》の空気《くうき》入《い》れで空気《くうき》を入《い》れている映像《えいぞう》が流《なが》れている。

「ギザの大《だい》ピラミッドが何者《なにもの》かに盗《ぬす》まれ、偽物《にせもの》とすり替《か》えられたのです！　ピラミッドの形《かたち》をしたバルーンに！」

キャスターは続《つづ》けた。

「世界中《せかいじゅう》にパニックが広《ひろ》がっています。どの国《くに》も、自分《じぶん》たちの愛《あい》する歴史的建造物《れきしてきけんぞうぶつ》を守《まも》ろうと、必死《ひっし》です」

今度《こんど》は画面《がめん》に、パリのエッフェル塔《とう》や中国《ちゅうごく》の万里《ばんり》の長城《ちょうじょう》があらわれた。どれも世界的《せかいてき》な名所《めいしょ》で、どちらも厳重《げんじゅう》に警備《けいび》されている。

「警察《けいさつ》は、まだなんの手《て》がかりもつかんでいません。いったいどこの誰《だれ》が、このような極《ごく》悪《あく》な犯罪《はんざい》をおこなったのか、謎《なぞ》に包《つつ》まれたままです。次《つぎ》に狙《ねら》われるのはどこでしょうか？」

1

フンフン……鼻歌《はなうた》を歌《うた》いながら、ひとりの男《おとこ》が歩《ある》いている。ツルツルのスキンヘッドにとんがった鼻《はな》、ぎょろりとした目《め》が特徴的《とくちょうてき》な顔《かお》つきだ。グレーと黒《くろ》の縞模様《しまもよう》のマフラーを巻《ま》き、全身黒《ぜんしんくろ》ずくめの格好《かっこう》をしている。あまり近《ちか》づきたくないタイプの男《おとこ》だ。

道端《みちばた》で、男《おとこ》の子《こ》が泣《な》いている。どうやら、買《か》ったばかりのアイスクリームを地面《じめん》に落《お》としてしまったらしい。

おーや、かわいそう。男《おとこ》はいかにも同情《どうじょう》したような顔《かお》で、胸《むね》ポケットから風船《ふうせん》を取《と》りだした。風船《ふうせん》を細長《ほそなが》くふくらませると、あちこちをねじって犬《いぬ》の形《かたち》を作《つく》った。

男《おとこ》の子《こ》の目《め》がぱっと輝《かがや》く。男《おとこ》から風船《ふうせん》の犬《いぬ》をわたされると、うれしそうに両手《りょうて》で抱《だ》きしめ、頬《ほお》をすりよせた。男《おとこ》はにやりと笑《わら》い、次《つぎ》の瞬間《しゅんかん》、ピンで風船《ふうせん》を突《つ》いた。

パン！　派手《はで》な音《おと》を立《た》て、風船《ふうせん》が割《わ》れた。男《おとこ》はあっけに取《と》られている男《おとこ》の子《こ》の頭《あたま》をむんずとつかんで脇《わき》にどかせると、何事《なにごと》もなかったかのような顔《かお》で、ふたたび歩《ある》きだした。

誰《だれ》あろう、この男《おとこ》こそ、怪盗《かいとう》グルー。世紀《せいき》の大悪党《だいあくとう》になるために、これまでもさまざまな悪事《あくじ》を働《はたら》いてきた。

一軒《いっけん》のカフェの前《まえ》で、グルーは足《あし》を止《と》めた。中《なか》に入《はい》ると、カウンターの前《まえ》には長《なが》い行列《ぎょうれつ》ができている。チェッ。グルーは舌打《したう》ちした。

さっそく胸元《むなもと》から黒《くろ》い武器《ぶき》を取《と》りだした。相手《あいて》を一瞬《いっしゅん》にして凍《こお》らせるフリーズ銃《じゅう》だ。これでも食《く》らえ！

ビュッ！　銃口《じゅうこう》から光線《こうせん》が飛《と》びだす。列《れつ》に並《なら》んでいた人《ひと》たちは、たちまち氷《こおり》に包《つつ》まれ、身動《みうご》きできなくなった。

「ハー、ハッハ」

グルーは高笑《たかわら》いをした。列《れつ》の先頭《せんとう》まで歩《ある》いていくと、あっけに取《と》られた顔《かお》をしている店員《てんいん》が手《て》にしているコーヒーの紙《かみ》コップとマフィンをひったくり、チップを箱《はこ》に入《い》れると、店《みせ》から出《で》ていった。

おばあさんがゆっくり車《くるま》を運転《うんてん》していると、クラクションを鳴《な》らしながら、ブルーの車《くるま》が追《お》いぬいた。その横《よこ》の追《お》い越《こ》し車線《しゃせん》を、今度《こんど》は〝G《ジー》〟マークがついた巨大《きょだい》な戦闘機《せんとうき》のようなシルバーの車《くるま》が、黒《くろ》い煙《けむり》を吐《は》きだしながら猛《もう》スピードで走《はし》っていく。運転席《うんてんせき》にいるのは、グルーだ。

やがて車《くるま》は郊外《こうがい》の住宅街《じゅうたくがい》にさしかかると、一軒《いっけん》の家《いえ》の前《まえ》で停《と》まった。赤《あか》い屋根《やね》に白《しろ》い壁《かべ》のこぎれいな家《いえ》の立《た》ちならぶなか、その家《いえ》だけ真《ま》っ黒《くろ》で、不気味《ぶきみ》な雰囲気《ふんいき》を漂《ただよ》わせている。

いかにもグルーにふさわしい家《いえ》だ。

ガレージに車《くるま》をしまい、おりてきたグルーに、

「おはよう、グルー。元気《げんき》かい？」

隣《となり》の家《いえ》のフレッドが声《こえ》をかけた。眼鏡《めがね》をかけた、いかにも気《き》のよさそうな男《おとこ》だ。

「やあ、フレッド。あんたのとこの犬《いぬ》が、うちの庭《にわ》のあちこちにくっさい爆弾《ばくだん》を落《お》とすんで、困《こま》ってるんだ」

「ハハハ、すまないね。犬《いぬ》ってやつは、自分《じぶん》の行《い》きたい場所《ばしょ》に行《い》きたがるからな」

「だったら殺《ころ》すか？」

グルーは真顔《まがお》で言《い》った。フレッドが息《いき》を呑《の》むと、グルーはすぐに大口《おおぐち》をあけて笑《わら》った。

「アッハッハ。冗談《じょうだん》だよ、冗談《じょうだん》。でも、そうだな。死《し》んだら糞《くそ》もしないからな。じゃ、また」

とまどった顔《かお》のフレッドを残《のこ》し、グルーはマフィンを手《て》に家《いえ》に入《はい》っていった。家《いえ》の見《み》かけ同様《どうよう》、内部《ないぶ》も暗《くら》く、薄気味悪《うすきみわる》かった。床《ゆか》にはパンダの毛皮《けがわ》が敷《し》かれており、部屋《へや》の片隅《かたすみ》には巨大《きょだい》なワニの胴体部分《どうたいぶぶん》をくりぬいたソファが置《お》かれている。

ソファに腰《こし》をおろそうとしたとき、愛犬《あいけん》のカイルがいびきをかいて寝《ね》ていることに気《き》づいた。カイルはピラニアと闘犬《とうけん》のピットブルを交配《こうはい》させた獰猛《どうもう》な犬《いぬ》で、ハリネズミのような灰色《はいいろ》の毛《け》と鋭《するど》い牙《きば》が特徴《とくちょう》だ。

グルーはソファのど真《ま》ん中《なか》で寝《ね》ているカイルを端《はし》にどかそうとした。おいどけ、そこは俺《おれ》の居場所《いばしょ》だぞ。

カイルは片目《かため》をあけ、飼《か》い主《ぬし》を見《み》た。すぐにまた目《め》を閉《と》じ、眠《ねむ》りつづけた。グルーは、今度《こんど》はもっと強《つよ》くカイルの体《からだ》を押《お》そうとした。カイルのいびきがさらに大《おお》きくなる。意地《いじ》でも動《うご》く気《き》はなさそうだ。

こいつめ！　グルーはカイルを足《あし》で端《はし》にどけた。

やれやれ。グルーはソファに腰《こし》をおろした。さっそくマフィンを食《た》べようと、大口《おおぐち》をあけたそのとき、ピンポーン！　ドアのチャイムが鳴《な》った。誰《だれ》か来《き》たらしい。

「せっかくマフィンを食《た》べようとしてたのに……」

ぶつくさ言《い》いながら玄関《げんかん》に向《む》かった。

「こんにちは！」

明《あか》るい声《こえ》が響《ひび》いた。ドアののぞき穴《あな》から外《そと》を見《み》ると、眼鏡《めがね》をかけて髪《かみ》をうしろでひっつめた真面目《まじめ》そうな女《おんな》の子《こ》が、クリップボードを手《て》に立《た》っている。その脇《わき》には、ピンクのニット帽《ぼう》をかぶってポーチに座《すわ》っている女《おんな》の子《こ》、そして髪《かみ》の毛《け》を頭《あたま》のてっぺんで結《ゆ》わえた女《おんな》の子《こ》がいる。

姉妹《しまい》だろうか？　どうやら眼鏡《めがね》の子《こ》がいちばん歳上《としうえ》らしい。

「クッキーはいかがですか？」

眼鏡《めがね》の子《こ》が、ドアの外《そと》から声《こえ》をかけた。

なんだ、押《お》し売《う》りか。グルーはドアをあけず、中《なか》から返事《へんじ》をした。

「帰《かえ》ってくれ。俺《おれ》は今《いま》、留守《るす》なんだ」

「声《こえ》がするんだから、家《いえ》にいるんじゃない？」

眼鏡《めがね》の子《こ》が文句《もんく》を言《い》った。と、ニット帽《ぼう》の女《おんな》の子《こ》がドアの真《ま》ん前《まえ》に立《た》ち、口《くち》の両端《りょうはし》に左《さ》右《ゆう》の人差《ひとさ》し指《ゆび》を突《つ》っこみ、イーッと口《くち》を大《おお》きくあけた。

グルーはいかにも機械的《きかいてき》な声《こえ》で、答《こた》えた。

「ちがいます。この声《こえ》は録音《ろくおん》したものです。メッセージをお願《ねが》いします。ピーッ」

眼鏡《めがね》の子《こ》はあきらめて、ドアに背《せ》を向《む》け、ニット帽《ぼう》の子《こ》はいまいましそうに、ドアを蹴《け》飛《と》ばした。フンッ！

髪《かみ》を頭《あたま》のてっぺんで結《ゆ》わえた、いちばん幼《おさな》い女《おんな》の子《こ》は、ドアに向《む》かって声《こえ》をかけた。

「バイバイ、録音機《ろくおんき》さん」

「アグネス、行《い》くわよ」

眼鏡《めがね》の子《こ》がうながした。アグネスと呼《よ》ばれた女《おんな》の子《こ》は、あわててふたりのあとを追《お》いかけていった。

ふうっ。グルーはため息《いき》をつき、リビングに戻《もど》った。さてと、ようやくマフィンにありつけるぞ。ソファのマフィンに手《て》を伸《の》ばした瞬間《しゅんかん》、ガブッ！　カイルがその手《て》に噛《か》みついてきた。

「いてて！　カイル、離《はな》せ！　これは俺《おれ》のマフィンだ！」

グルーはなんとかしてカイルを離《はな》そうと、もがいた。が、カイルは噛《か》みついたままだ。

グルーが悪戦苦闘《あくせんくとう》していると、

「グルー！」

誰《だれ》かの声《こえ》がした。壁《かべ》の大《おお》きなスクリーンからだ。白衣姿《はくいすがた》の老人《ろうじん》が映《うつ》っている。顔《かお》はたるんで顎《あご》が胸《むね》まで垂《た》れさがっている。黒《くろ》いゴーグルといい、黒《くろ》い手袋《てぶくろ》といい、グルーに劣《おと》らず、老人《ろうじん》もまた不気味《ぶきみ》な雰囲気《ふんいき》の男《おとこ》だ。

「ああ、ネファリオ博士《はかせ》！」

グルーは返事《へんじ》をした。博士《はかせ》はグルーの相棒《あいぼう》で、これまでさんざん一緒《いっしょ》に悪事《あくじ》を働《はたら》いてきた。年齢《ねんれい》はおよそ百五十歳《ひゃくごじっさい》。博士《はかせ》の科学者《かがくしゃ》としての力《ちから》は、グルーには欠《か》かせないものだ。

博士《はかせ》はしょんぼりした顔《かお》で話《はな》した。

「グルー、おまえの気持《きも》ちはわかる。私《わたし》もひどく落《お》ちこんでいる。だが、私《わたし》にとって、おまえは永遠《えいえん》に世界一《せかいいち》の悪党《あくとう》だ」

「いったいなんの話《はなし》だ？」

グルーはわけがわからず、きょとんとした。博士《はかせ》の話《はなし》は続《つづ》く。

「世界中《せかいじゅう》のニュースは、この話《はなし》でもちきりだ。エジプトのピラミッドが盗《ぬす》まれたんだ。さらにニュースによれば、このピラミッド泥棒《どろぼう》にくらべたら、今《いま》までの悪党《あくとう》なんぞ取《と》るに足《た》らん小物《こもの》だというではないか」

なんだと？　グルーの顔《かお》が険《けわ》しくなった。この俺様《おれさま》を小物扱《こものあつか》いするなんて、許《ゆる》せん！

まだ腕《うで》にしがみついているカイルを放《ほう》りなげ、グルーは駆《か》けだした。

「ミニオン、集合《しゅうごう》だ！」

2

リビングの端《はし》に、巨大《きょだい》なサイの形《かたち》をした椅子《いす》がある。グルーはその椅子《いす》に座《すわ》ると、サイの脚《あし》にあるスイッチを入《い》れた。ススッと椅子《いす》の座面《ざめん》だけが前《まえ》に動《うご》いた。床《ゆか》から二本《にほん》のロボットアームがあらわれ、天井《てんじょう》に向《む》かって伸《の》びた。そして天井《てんじょう》からぶら下《さ》がっている太《ふと》いガラスの筒《つつ》を両側《りょうがわ》からつかんでおろすと、グルーはそのガラスの筒《つつ》にすっぽり包《つつ》まれた。二本《にほん》のロボットアームは今度《こんど》はガラスの筒《つつ》を両側《りょうがわ》からつかみ、床《ゆか》の下《した》から現《あらわ》れた台《だい》に置《お》いた。

ロボットアームが離《はな》れると、グルーを包《つつ》んだ筒《つつ》をのせた台《だい》はぐんぐん下《さ》がっていく。行《い》きついた先《さき》は、地下室《ちかしつ》だった。

地下《ちか》では、二体《にたい》のミニオンが作業《さぎょう》をしているところだった。一体《いったい》がハンマーを持《も》ち、もう一体《いったい》が支《ささ》えている大《おお》きな釘《くぎ》に振《ふ》りおろそうとしている。

ミニオンとは、小柄《こがら》な卵型《たまごがた》の生物《せいぶつ》。バナナが大好物《だいこうぶつ》で、体《からだ》も真《ま》っ黄色《きいろ》だ。オーバーオールを着《き》て、ゴーグルをかけており、短《みじか》い脚《あし》でちょこまか動《うご》く姿《すがた》がかわいらしい。自分《じぶん》たちだけに通《つう》じるミニオン語《ご》で話《はな》すのが特徴《とくちょう》だ。

一見《いっけん》、みんな同《おな》じに見《み》えるが、よく観察《かんさつ》すると頭《あたま》がツルツルのミニオンもいれば、まばらに毛《け》の生《は》えたミニオンもいる。両目《りょうめ》があるものもいれば、目《め》がひとつのものもいる。

ミニオンたちは、人類《じんるい》よりはるか前《まえ》から地球上《ちきゅうじょう》に存在《そんざい》していた。海《うみ》で生《う》まれて海中《かいちゅう》で暮《く》らしていたのだが、生物《せいぶつ》が陸《りく》でも生《い》きられる環境《かんきょう》が整《ととの》うと、ミニオンたちも陸《りく》に移動《いどう》した。

世界《せかい》でもっとも凶悪《きょうあく》なボスに仕《つか》えること、それが彼《かれ》らの目標《もくひょう》だった。そうして恐竜《きょうりゅう》、誕《たん》生《じょう》したての人類《じんるい》、エジプトのファラオ、ドラキュラ、ナポレオン……と、さまざまなボスに仕《つか》えてきた。

そしてついに、グルーと運命的《うんめいてき》な出会《であ》いをする。一九六八年《ねん》のロンドンで、まだ少年《しょうねん》だったグルーは、イギリスの女王陛下《じょおうへいか》の宝冠《ほうかん》を盗《ぬす》んだのだ。

それを見《み》た瞬間《しゅんかん》、ミニオンたちの心《こころ》は決《き》まった。グルーに一生《いっしょう》ついていこうと。そうして今日《きょう》まで、グルーの部下《ぶか》として忠実《ちゅうじつ》に働《はたら》いてきたのだ。


グルーを包《つつ》んだガラスの筒《つつ》がおりてきた。

「ミニオンたち、みんな集《あつ》まれ」

グルーが声《こえ》をかけると、ハンマーを手《て》にしていたミニオンは、

「オッケー、オッケー」

ハンマーを放《ほう》りなげ、駆《か》けだした。ポールをすべりおり、仲間《なかま》のもとに向《む》かう。

「ヘイヘーイ、カタパラニーニャ！」

その声《こえ》に、鉄《てつ》の足場《あしば》の上《うえ》で働《はたら》いていたミニオンたちは、さっそく足場《あしば》からおりた。ウォーターサーバーの前《まえ》で遊《あそ》んでいた二体《にたい》のミニオンも、仲間《なかま》が急《いそ》いでいる様子《ようす》を見《み》て、あわててあとを追《お》った。

広場《ひろば》に着《つ》くと、中央《ちゅうおう》のステージにグルーが登場《とうじょう》した。

ワー！　ミニオンたちは大喝采《だいかっさい》でグルーを迎《むか》えた。拍手《はくしゅ》や口笛《くちぶえ》の音《おと》が地下《ちか》に鳴《な》りひびく

なか、グルーは両手《りょうて》でV《ブイ》サインを作《つく》って声援《せいえん》に応《こた》えた。

「グルー！　グルー！」

ミニオンたちは、口々《くちぐち》に叫《さけ》ぶ。グルーはそんな部下《ぶか》たちを見《み》わたし、声《こえ》をかけた。

「ケビン、家族《かぞく》は元気《げんき》かい？　そりゃよかった」

ケビンは特別《とくべつ》に名前《なまえ》を呼《よ》ばれ、うれしさのあまり気絶《きぜつ》しそうになった。

「みんな、調子《ちょうし》はどうだ？　よさそうだな」

ミニオンたちは、少《すこ》しでもグルーに目《め》をかけてもらおうと、ピョコピョコはねている。

「よーし、静《しず》かにしてくれ」

それでも興奮《こうふん》はおさまりそうにない。グルーは深《ふか》く息《いき》を吸《す》い、大声《おおごえ》で告《つ》げた。

「静《しず》かにしろ！」

ようやく、ミニオンたちは黙《だま》った。よしよし。グルーはにんまり笑《わら》うと、話《はなし》を始《はじ》めた。

「ピラミッドを盗《ぬす》んだ悪党《あくとう》のことは、ニュースでみんなも聞《き》いていると思《おも》う。ピラミッドはたしかに偉大《いだい》だ。世間《せけん》では、盗《ぬす》んだやつのことを〝世紀《せいき》の悪党《あくとう》〟とか呼《よ》んでいるらしい。俺《おれ》があせってるかって？　まさか！　そんなことはない。まあ、ちょっとある。けど、俺《おれ》たちは、今年《ことし》も頑張《がんば》っていい仕事《しごと》をしてきたじゃないか。みんな、よく頑張《がんば》ってくれた！」

ウワー！　ミニオンたちは、ふたたび歓声《かんせい》をあげた。グルーが誉《ほ》めてくれるってことは、お給料《きゅうりょう》を上《あ》げてくれるのかな？

そんなみんなの心《こころ》の内《うち》を読《よ》んだかのように、グルーはきっぱり言《い》い切《き》った。

「賃上《ちんあ》げはなし、だ。あきらめろ」

「オー……」

ミニオンたちの口《くち》から、失望《しつぼう》のため息《いき》がもれた。グルーの言葉《ことば》は続《つづ》く。

「俺《おれ》たちが今年《ことし》いただいたのは、なんだ？　タイムズスクエアの巨大《きょだい》スクリーンだ！」

タイムズスクエアとは、アメリカのニューヨーク一《いち》の繁華街《はんかがい》で、この巨大《きょだい》スクリーンが名物《めいぶつ》となっている。

グルーは両手《りょうて》で、ステージの上《うえ》のスクリーンを示《しめ》した。その特大《とくだい》のスクリーンに、にんまり笑《わら》うステージ上《じょう》のグルーの姿《すがた》が映《うつ》しだされた。

ヒューヒュー！　ミニオンたちの声援《せいえん》が響《ひび》く。天井《てんじょう》から紙吹雪《かみふぶき》が舞《ま》う。

「いいだろ？　これが俺流《おれりゅう》の仕事《しごと》だ。このでっかいスクリーンでサッカーの試合《しあい》を見《み》るのは最高《さいこう》だろ？」

グルーは胸《むね》を張《は》り、さらに続《つづ》けた。

「まだある。自由《じゆう》の女神《めがみ》もいただいた」

ステージの上《うえ》に自由《じゆう》の女神像《めがみぞう》があらわれた。グルーの背丈《せたけ》くらいの大《おお》きさだ。

「まあ、本物《ほんもの》とちがって、ラスベガスにあるちっこいやつだけどな」

「オーッ……」

ミニオンたちは、残念《ざんねん》そうにため息《いき》をついた。

「エッフェル塔《とう》も盗《ぬす》んだ」

一体《いったい》のミニオンが短《みじか》い脚《あし》をちょこまか動《うご》かして、小型《こがた》のエッフェル塔《とう》を運《はこ》んできた。

「まあ、これもラスベガスのやつだけどな」

グルーはそこで、コホンと咳《せき》ばらいをした。

「みんなにはまだ言《い》わないでおこうと思《おも》ったんだが、俺《おれ》は今《いま》、どでかい計画《けいかく》を練《ね》っているとこだ。これが成功《せいこう》すれば、ピラミッド泥棒《どろぼう》なんて大《たい》したことない。俺《おれ》の良《よ》き友人《ゆうじん》、ネファリオ博士《はかせ》が協力《きょうりょく》してくれてる」

「イエーイ！」

ミニオンたちに迎《むか》えられ、ネファリオ博士《はかせ》が愛用《あいよう》のスクーターに乗《の》ってあらわれた。

博士《はかせ》は、両手《りょうて》をあげてミニオンたちの声援《せいえん》に応《こた》えた。

「さあ、博士《はかせ》の登場《とうじょう》だ。カッコいいなあ」

コホン。グルーはまた咳《せき》ばらいをした。背後《はいご》の巨大《きょだい》スクリーンに、武器《ぶき》の立体図《りったいず》があらわれた。本体《ほんたい》は円柱形《えんちゅうけい》で、先端《せんたん》がとがっている。

「俺《おれ》たちはすでに、この〝縮《ちぢ》ませ光線銃《こうせんじゅう》〟がどこの研究所《けんきゅうじょ》に隠《かく》されているかを突《つ》きとめた。この光線銃《こうせんじゅう》を手《て》に入《い》れたら、真《しん》の世紀《せいき》の犯罪《はんざい》を成《な》しとげて、世界一《せかいいち》の悪党《あくとう》になれる」

ミニオンたちは興奮《こうふん》した顔《かお》で、話《はなし》の続《つづ》きを待《ま》っている。

「そして俺《おれ》たちが盗《ぬす》むのは……」

ミニオンたちはさっと斧《おの》や槍《やり》をかまえた。すぐにでも行《い》く気満々《きまんまん》だ。

「待《ま》て待《ま》て。俺《おれ》はまだ何《なに》も言《い》ってない」

ポーン！　ロケット砲《ほう》が発射《はっしゃ》され、矢《や》が飛《と》びだし、ステージに突《つ》きささった。

「おいデイブ、ちゃんと聞《き》け！」

グルーはロケット砲《ほう》を手《て》にしたミニオンを叱《しか》った。

「ピポ……」

デイブがしゅんとしてうなだれると、横《よこ》にいた別《べつ》のミニオンがデイブの腕《うで》を叩《たた》いた。

「俺《おれ》たちが次《つぎ》に盗《ぬす》むのは……」

グルーの足元《あしもと》の台《だい》がグーンと高《たか》くあがっていった。グルーはせりあがりながら、叫《さけ》んだ。

「……次《つぎ》に盗《ぬす》むのは、月《つき》だ！」

天井《てんじょう》に映《うつ》しだされた月《つき》の映像《えいぞう》の前《まえ》で、グルーはガッツポーズを取《と》り、胸《むね》を張《は》った。

月《つき》を盗《ぬす》むって？　ミニオンたちは大興奮《だいこうふん》だ。たちまち歓声《かんせい》があがった。

「ワーオ、ワーオ！」

「月《つき》を盗《ぬす》んだら、世界《せかい》は月《つき》を取《と》りもどすために、なんでも俺《おれ》に差《さ》しだすだろう。そうしたら俺《おれ》は、史上最高《しじょうさいこう》の悪党《あくとう》になれる！」

ワーワー！　キャーキャー！　ミニオンたちの大騒《おおさわ》ぎはおさまらない。グルーは満足《まんぞく》そうに笑《え》みを浮《う》かべ、高《たか》い台《だい》の上《うえ》からみんなを見《み》おろした。

「これが俺《おれ》の計画《けいかく》だ。わかったか？」

そのとき、携帯電話《けいたいでんわ》の呼《よ》び出《だ》し音《おん》がした。なんだ？　今《いま》、最高《さいこう》に盛《も》りあがっているのに……。グルーはズボンのポケットから電話機《でんわき》を取《と》りだした。

「もしもし」

相手《あいて》はステージの下《した》にいるネファリオ博士《はかせ》だった。興奮《こうふん》しているミニオンたちの輪《わ》の中《なか》で、博士《はかせ》は告《つ》げた。

「グルー、いろいろ計算《けいさん》してみたんだが、どうやりくりしても資金不足《しきんぶそく》だ。この計画《けいかく》は不《ふ》可能《かのう》だ。それを可能《かのう》にするような奇跡《きせき》は私《わたし》には起《お》こせん」

「落《お》ち着《つ》け、博士《はかせ》。金《かね》ならまた銀行《ぎんこう》から借《か》りればいい。心配《しんぱい》するな」

3

薄暗《うすぐら》くなった街《まち》を、三人《さんにん》の少女《しょうじょ》がトボトボ歩《ある》いていた。昼間《ひるま》、グルーの家《いえ》にクッキーを

売《う》りにいった女《おんな》の子《こ》たちだ。いちばん年上《としうえ》の眼鏡《めがね》をかけた子《こ》が、手《て》にしたクリップボードを見《み》て、顔《かお》をくもらせた。ボードの用紙《ようし》にはクッキーの売《う》り上《あ》げが記《しる》されている。

あ〜あ、今日《きょう》も頑張《がんば》ったけど、こんな売《う》り上《あ》げじゃハティさんに満足《まんぞく》してもらえないわ。

ハティさんとは、養護施設《ようごしせつ》の責任者《せきにんしゃ》だ。そう、彼女《かのじょ》たちは孤児《こじ》で、養護施設《ようごしせつ》で暮《く》らしているのだ。眼鏡《めがね》をかけた子《こ》は長女《ちょうじょ》のマーゴ。ピンクのニット帽《ぼう》をかぶった子《こ》は次女《じじょ》のイディス。髪《かみ》を頭《あたま》のてっぺんで結《ゆ》わえた子《こ》は、三女《さんじょ》のアグネス。


施設《しせつ》に戻《もど》ると、三人《さんにん》は声《こえ》をそろえて挨拶《あいさつ》をした。

「ハティさん、ただいま」

デスクで仕事《しごと》をしていたミス・ハティが、顔《かお》をあげ、声《こえ》をかけた。ふっくらとした中年《ちゅうねん》の女性《じょせい》で、ピンクの服《ふく》を着《き》ている。

「あら、お帰《かえ》りなさい」

ミス・ハティは作《つく》り笑《わら》いをし、わざとらしいやさしい声《こえ》で三人《さんにん》を迎《むか》えた。

「留守《るす》のあいだ、あたしたちのパパとママになりたいっていう人《ひと》が来《き》た？」

アグネスがデスクに両手《りょうて》をかけ、背伸《せの》びをして尋《たず》ねた。

「う～ん、どうだったかしら？」

ミス・ハティはちょっと考《かんが》えるしぐさをした。三人《さんにん》はドキドキして答《こた》えを待《ま》つ。

けれどそんな三人《さんにん》の淡《あわ》い期待《きたい》を、ミス・ハティはバッサリ断《た》ちきった。

「いいえ、来《こ》なかったわ」

マーゴとアグネスはうつむいた。イディスはむっとした顔《かお》でデスクに何《なに》か泥《どろ》の塊《かたまり》を置《お》いた。

「イディス、これは何《なに》？」

ミス・ハティは眉《まゆ》をひそめた。

「泥団子《どろだんご》」

イディスの答《こた》えを聞《き》くと、ミス・ハティはため息《いき》をつき、椅子《いす》の背《せ》に深々《ふかぶか》ともたれた。

「あなたをもらいたがる人《ひと》がいると思《おも》う、イディス？　わかってるでしょ？」

「……わかってる」

イディスは顔《かお》をそむけた。ミス・ハティはさも嫌《いや》そうに泥団子《どろだんご》をペンでデスクの端《はし》にどかすと、前《まえ》に身《み》を乗《の》りだした。

「それで、クッキーの売《う》り上《あ》げは？　ノルマに達《たっ》したんでしょうね？」

そう言《い》い、厳《きび》しいまなざしを三人《さんにん》に向《む》けた。マーゴがクリップボードの用紙《ようし》に書《か》かれた数字《すうじ》を読《よ》みあげる。

「まああの売《う》り上《あ》げだと思《おも》います。えーと、ミニ・ミントが四十三箱《よんじゅうさんぱこ》、チョコ・マーブルが三十箱《さんじっぱこ》、ココナッティが十八箱《じゅうはっぱこ》です」

「ふうっ」

ミス・ハティはため息《いき》をつき、椅子《いす》から立《た》ちあがった。

「まるですごく売《う》れたような口《くち》ぶりだけど……」

そう言《い》いながらデスクを回《まわ》り、三人《さんにん》の横《よこ》に立《た》ち、声《こえ》を荒《あら》らげた。

「私《わたし》の顔《かお》をごらんなさい！　そんな売《う》り上《あ》げで満足《まんぞく》してるの？」

ミス・ハティは丸《まる》く突《つ》きでたお腹《なか》で、アグネスの顔《かお》をぐいぐい押《お》した。

「ココナッティ十八箱《じゅうはっぱこ》？　もうちょっと頑張《がんば》ってもバチは当《あ》たらないんじゃない？　そうでしょ？　週末《しゅうまつ》をペニーみたいにお仕置《しお》きボックスで過《す》ごす？　イヤでしょ？」

「イヤです、ハティさん」

三人《さんにん》は声《こえ》をそろえる。ミス・ハティはデスクに戻《もど》ると、ふたたび仕事《しごと》に取《と》りかかった。

「わかったなら、いいわ。行《い》ってよろしい。仕事《しごと》の邪魔《じゃま》よ」

マーゴ、イディス、アグネスの三人《さんにん》は暗《くら》い表情《ひょうじょう》でデスクの前《まえ》を離《はな》れ、ドアに向《む》かった。

途中《とちゅう》に段《だん》ボールの箱《はこ》があり、『お仕置《しお》きボックス』と記《しる》されている。

「ペニー、元気《げんき》？」

三人《さんにん》は通《とお》りすがりに声《こえ》をかけた。箱《はこ》の中《なか》から、ペニーが「元気《げんき》だよ」と弱々《よわよわ》しく答《こた》えた。

4

ブオーン、ブオーン！　黒《くろ》い煙《けむり》を吐《は》きだしながら、戦闘機《せんとうき》のようなグルーの愛車《あいしゃ》が街《まち》を疾走《しっそう》していく。銀色《ぎんいろ》の車体《しゃたい》には大《おお》きく〝G《ジー》〟のマークがついている。グルーの頭文字《かしらもじ》だ。

携帯電話《けいたいでんわ》の呼《よ》び出《だ》し音《おん》がした。グルーはイヤフォンをつけ、電話《でんわ》に出《で》た。

「やあ、ママ。電話《でんわ》しないでごめん」

電話《でんわ》はグルーの母親《ははおや》からだった。

「かまわないよ。ピラミッドを盗《ぬす》むなんてね」

それを聞《き》いて、グルーはうめいた。

「おまえがやったんだろ？　それとも誰《だれ》かほかの悪党《あくとう》のしわざかい？　情《なさ》けない、ハハハ」

母親《ははおや》の嘲《あざけ》るような口調《くちょう》に、グルーはむっとした。

「言《い》っとくけど、俺《おれ》もデカい仕事《しごと》をするつもりなんだ。そりゃもう、デッカい仕事《しごと》をな。ママもきっと俺《おれ》のこと、自慢《じまん》に思《おも》うよ」

「そう願《ねが》ってるよ。じゃ、切《き》るから」

カチッ。電話《でんわ》が切《き》れた。グルーは舌打《したう》ちした。なんでママは、俺《おれ》のことを一人前《いちにんまえ》の悪党《あくとう》となかなか認《みと》めてくれないんだ？　今度《こんど》の仕事《しごと》がうまくいって、月《つき》を盗《ぬす》んだら、ママだってきっと俺《おれ》を誇《ほこ》りに思《おも》うに決《き》まってる。よーし、やってやるぞ！

グルーの闘志《とうし》に火《ひ》がついた。

グルーの母親《ははおや》は、息子《むすこ》そっくりのとがった鼻《はな》をし、白髪《しらが》を高《たか》く結《ゆ》いあげている。いろいろな趣味《しゅみ》を持《も》ち、今日《きょう》は白《しろ》い道着《どうぎ》を着《き》て、空手《からて》のレッスン中《ちゅう》だった。携帯電話《けいたいでんわ》を切《き》ると、

「ハイヤー！」

掛《か》け声《ごえ》も勇《いさ》ましく、目《め》の前《まえ》のサンドバッグに回《まわ》し蹴《げ》りを決《き》めると、トレーナーがぶっとんだ。

一軒《いっけん》のビルの前《まえ》で車《くるま》を停《と》めると、グルーは縦列駐車《じゅうれつちゅうしゃ》のわずかな隙間《すきま》に無理《むり》やり愛車《あいしゃ》を押《お》しこんだ。バックしてうしろの車《くるま》をはじきとばし、今度《こんど》はアクセルを踏《ふ》んで前《まえ》の車《くるま》の後部《こうぶ》にぶつかってすっとばし、邪魔《じゃま》な二台《にだい》をどかした。

ビルは銀行《ぎんこう》だった。グルーはブリーフケースを手《て》にガラスのドアを蹴《け》ってあけ、中《なか》に入《はい》った。進《すす》んでいくと、突《つ》き当《あ》たりにトイレがある。

並《なら》んでいる男性用便器《だんせいようべんき》のひとつに顔《かお》を近《ちか》づけると、水洗《すいせん》レバーの付《つ》け根《ね》に穴《あな》があき、光《こう》

線《せん》がグルーの右目《みぎめ》に当《あ》たった。目《め》の虹彩《こうさい》を認識《にんしき》するシステムだ。次《つぎ》の瞬間《しゅんかん》、並《なら》んだ便器《べんき》と背後《はいご》の壁《かべ》が左右《さゆう》に開《ひら》いた。グルーはさっそく中《なか》に入《はい》った。

ずんずん進《すす》んでいくと、録音《ろくおん》された声《こえ》がグルーを迎《むか》えた。

『悪党銀行《あくとうぎんこう》にようこそ！』

グルーは『悪党銀行《あくとうぎんこう》』と記《しる》された扉《とびら》をあけ、廊下《ろうか》を歩《ある》いていった。両脇《りょうわき》には銅像《どうぞう》が並《なら》んでいる。人《ひと》が柱《はしら》を支《ささ》えているデザインだ。

受付《うけつけ》のデスクについている眼鏡《めがね》をかけた女性《じょせい》に、グルーは告《つ》げた。

「グルーだ。パーキンスさんを頼《たの》む」

「では、あちらで座《すわ》ってお待《ま》ちください」

革《かわ》のソファに腰《こし》をおろすと、グルーは一枚《いちまい》の紙《かみ》を広《ひろ》げた。計画《けいかく》を記《しる》した図《ず》だ。それを見《み》ているうちに、幼《おさな》いころの思《おも》い出《で》がよみがえってきた。

人類《じんるい》が初《はじ》めて月《つき》におりたったときのことだ。テレビ画面《がめん》には、宇宙服《うちゅうふく》を着《き》た飛行士《ひこうし》が映《うつ》っている。それを真似《まね》て段《だん》ボールで作《つく》ったヘルメットをかぶったグルーは、目《め》を輝《かがや》かせた。

「ママ、ぼくもいつか月《つき》に行《い》く！」

そう言《い》って、安楽椅子《あんらくいす》で刺《し》しゅうをしている母親《ははおや》を振《ふ》り返《かえ》った。けれど、母親《ははおや》の答《こた》えはそっけなかった。

「かわいそうだけど、遅《おそ》いよ。NASA《ナサ》は猿《さる》を宇宙《うちゅう》に送《おく》るのは止《や》めたんだ」

そんなあ！　少年《しょうねん》だったグルーはがっかりして、しょんぼりと肩《かた》を落《お》とした。

悪党銀行《あくとうぎんこう》のソファで、グルーは苦《にが》い思《おも》い出《で》にひたっていた。と、向《む》かい側《がわ》のソファにいる若者《わかもの》が声《こえ》をかけてきた。

「よう」

関《かか》わりたくなくて、グルーはふたたび図面《ずめん》に目《め》を落《お》とした。若者《わかもの》はソファから立《た》ちあがり、グルーのそばまで来《く》ると、隣《となり》に腰《こし》をおろした。

ジャージの上下《じょうげ》に黒《くろ》ぶち眼鏡《めがね》、おかっぱ頭《あたま》。いかにもオタクっぽい。不健康《ふけんこう》な生活《せいかつ》をしているらしく、胴回《どうまわ》りだけがやけに太《ふと》い。

なんだ、こいつ。なれなれしくするな。グルーは無視《むし》した。が、若者《わかもの》はさらに体《からだ》をくっつけてきて、話《はな》しかけた。

「ぼくちゃんも、悪党《あくとう》ローンを申《もう》しこみにきたんだ。あ、ぼくちゃんは通称《つうしょう》ベクター」

グルーは迷惑《めいわく》そうにベクターから体《からだ》を離《はな》し、席《せき》をずらした。かまわずにベクターは話《はな》しつづける。

「ベクターってのは、数学《すうがく》のベクトルから取《と》ったんだ。ベクトルは向《む》きと大《おお》きさを持《も》つ量《りょう》のことで、矢印《やじるし》であらわされる」

グルーは今度《こんど》はソファの端《はし》まで移動《いどう》した。数学《すうがく》の講義《こうぎ》なんぞ、まっぴらごめんだ。空気《くうき》を読《よ》まないベクターは、ズズッとまたしてもグルーの隣《となり》に移動《いどう》してきた。

「ぼくちゃんの悪事《あくじ》には、向《む》きと大《おお》きさがある。だからベクターなんだ！　オーイエイ！」

ベクターは立《た》ちあがり、両手《りょうて》の拳《こぶし》を握《にぎ》りしめ、踊《おど》りだした。グルーは相変《あいか》わらず無反応《むはんのう》だ。無視《むし》、無視《むし》、無視《むし》。こういうやつは無視《むし》するにかぎる。我慢《がまん》しろ、グルー。そう自分《じぶん》に言《い》い聞《き》かせながら。

けれどベクターも、只者《ただもの》ではない。

「ぼくちゃんの新兵器《しんへいき》知《し》ってる？　ピラニア銃《じゅう》っていうんだ！　オーイエス！」

ベクターはまたしてもグルーの隣《となり》に座《すわ》り、体《からだ》をぴたっとくっつけた。その手《て》には、白《しろ》い武器《ぶき》が握《にぎ》られている。ドライヤーのような形《かたち》で、真《ま》ん中《なか》がふくらんでいる。

「生《い》きてるピラニアを発射《はっしゃ》するんだ。これ、ぼくちゃんが発明《はつめい》したんだよ」

ベクターがスイッチを押《お》すと、武器《ぶき》の先《さき》からピラニアが飛《と》びだした。ベクターはピラニアをつかもうとしたが、つかんだとたん手《て》からスルッと逃《に》げてしまい、なかなかつかまえられない。

「アット、オット……これ、ピラニアを回収《かいしゅう》するのがたいへんなんだよね。あ〜イテテ！」

ピラニアに鼻《はな》を噛《か》まれ、ベクターは悲鳴《ひめい》をあげた。

やれやれ……。グルーは深々《ふかぶか》とため息《いき》をついた。いつまでこいつのアホ話《ばなし》に付《つ》き合《あ》わなきゃいけないんだ？ そう思《おも》っていると、ようやくパーキンスの部屋《へや》に呼《よ》ばれた。

パーキンスはでっぷり太《ふと》った男《おとこ》で、両頬《りょうほお》がたるんで肩《かた》にくっつきそうだ。ハゲ頭《あたま》の両脇《りょうわき》から三角形《さんかくけい》の髪《かみ》が角《つの》のように突《つ》きだし、襟《えり》のとがった背広《せびろ》を着《き》ており、いかにも頭《あたま》がコチコチの雰囲気《ふんいき》だった。

グルーは黒板《こくばん》にロケットの図《ず》を描《えが》くと、いつもの横柄《おうへい》な物言《ものい》いをひかえ、丁寧《ていねい》な言葉《ことば》で説明《せつめい》を始《はじ》めた。

「……というわけで、ロケットを作《つく》るために、お金《かね》を貸《か》していただきたいんです」

身振《みぶ》り手振《てぶ》りをまじえて言《い》うと、椅子《いす》に腰《こし》をおろし、先《さき》を続《つづ》けた。

「そうすれば、月《つき》は我々《われわれ》のものです」

「いやあ、すばらしい発案《はつあん》だが、縮《ちぢ》ませ光線銃《こうせんじゅう》を見《み》せてもらいたい」

パーキンスはむっつりとした表情《ひょうじょう》をくずさず、重々《おもおも》しく告《つ》げた。その左手《ひだりて》には、リンゴが握《にぎ》られている。

「……もちろんですとも。手《て》に入《い》れしだい」

「まだ、ないのかね？」

パーキンスはデスクに身《み》を乗《の》りだした。

「肝心《かんじん》の縮《ちぢ》ませ光線銃《こうせんじゅう》がないのに、金《かね》を借《か》りにくるとはいい度胸《どきょう》だ」

「まあ、たしかに」

グルーの声《こえ》が小《ちい》さくなる。パーキンスは椅子《いす》から立《た》ちあがり、のしのしと部屋《へや》を歩《ある》きまわった。

「これまでこの銀行《ぎんこう》が君《きみ》にいくら投資《とうし》したと思《おも》ってる？　実際《じっさい》に儲《もう》けを生《う》んだ計画《けいかく》は、ほとんどないではないか」

パーキンスは窓辺《まどべ》に立《た》った。

「はっきり言《い》おう。借《か》りた金《かね》を返《かえ》さないのなら――」

パーキンスはグルーの座《すわ》っている場所《ばしょ》に近《ちか》づくと、リンゴをぎゅっと握《にぎ》りつぶした。

「――君《きみ》をこのリンゴのようにしてやる。わかったか？」

ヒッ！　グルーは震《ふる》えあがった。パーキンスは冗談《じょうだん》は口《くち》にしない男《おとこ》だ。

「いいか、グルー」

パーキンスはデスクに戻《もど》ると、どっかと椅子《いす》に腰《こし》をおろし、脅《おど》すように言《い》った。

「問題《もんだい》は、新《あたら》しい悪党《あくとう》がどんどんあらわれていることだ。君《きみ》より若《わか》く、君《きみ》より悪事《あくじ》に飢《う》えている連中《れんちゅう》が。待合室《まちあいしつ》にいるあのベクターという男《おとこ》もそうだ。あいつはピラミッドを盗《ぬす》んだばかりだ！」

あのへなちょこオタクがピラミッドを？　クソッ。グルーは悔《くや》しくて歯《は》ぎしりをした。

「わかりました」

グルーは深呼吸《しんこきゅう》をし、相手《あいて》の顔色《かおいろ》をうかがいながら、おずおずと口《くち》にした。

「で、ロケットを作《つく》る資金《しきん》は？」

「縮《ちぢ》ませ光線銃《こうせんじゅう》を手《て》に入《い》れてからだ！」

待合室《まちあいしつ》では、ベクターが相変《あいか》わらずピラニアと格闘《かくとう》していた。こんなやつにピラミッドを盗《ぬす》まれたなんて。グルーは通《とお》りすがりにフリーズ銃《じゅう》を取《と》りだし、ベクターを攻撃《こうげき》した。

「ひえ〜！」

たちまちベクターの頭《あたま》は氷《こおり》に包《つつ》まれた。グルーはそそくさと、その場《ば》を立《た》ち去《さ》った。

5

ここは東《ひがし》アジアにある、極《ごく》秘《ひ》研究所《けんきゅうじょ》。
その近《ちか》くの上空《じょうくう》を、ヘリコプターと飛行機《ひこうき》を合体《がったい》させたような銀色《ぎんいろ》の機体《きたい》が飛《と》んでいる。機体《きたい》の左右《さゆう》には巨大《きょだい》な翼《つばさ》が伸《の》びている。
コックピットで機体《きたい》を操縦《そうじゅう》しているのは、グルーだ。助手席《じょしゅせき》には二体《にたい》のミニオンがいる。
ブオーン！　機体《きたい》は研究所《けんきゅうじょ》めざして飛《と》んでいく。

さて、研究所《けんきゅうじょ》の中《なか》ではふたりの職員《しょくいん》が実験室《じっけんしつ》の巨大《きょだい》なドアに駆《か》けより、ドアをあけた。中《なか》から象《ぞう》があらわれ、ノシノシと前《まえ》に進《すす》みでた。その鼻先《はなさき》に、円柱状《えんちゅうじょう》の機械《きかい》が近《ちか》づけられた。

ガラスに囲《かこ》まれた隣《となり》の操作室《そうさしつ》では、科学者《かがくしゃ》たちが様子《ようす》をじっと見守《みまも》っている。照準《しょうじゅん》が定《さだ》まると、科学者《かがくしゃ》のリーダーが手元《てもと》のボタンを押《お》した。ジリジリ……音《おと》とともに、機械《きかい》の先《さき》から象目《ぞうめ》がけて光線《こうせん》が発射《はっしゃ》！

象《ぞう》はたちまち縮《ちぢ》み、姿《すがた》が見《み》えなくなった。どこに行《い》ったんだ？　操作室《そうさしつ》にいる科学者《かがくしゃ》たちはキョロキョロして捜《さが》した。やがて床《ゆか》に置《お》かれた山積《やまづ》みのバナナの陰《かげ》から、象《ぞう》が姿《すがた》をあらわした。なんと、バナナよりも小《ちい》さくなっているではないか。

やった、成功《せいこう》だ！　科学者《かがくしゃ》たちは拍手《はくしゅ》をした。

グルーたちを乗《の》せた機体《きたい》が研究所《けんきゅうじょ》の真上《まうえ》にさしかかると、機体《きたい》の下《した》のハッチがあき、ロボットアームが伸《の》びた。

実験室《じっけんしつ》の天井《てんじょう》に丸《まる》い穴《あな》があいた。穴《あな》からロボットアームとともに、一体《いったい》のミニオンがするするとおりてくる。アームが左右《さゆう》に開《ひら》き、縮《ちぢ》ませ光線銃《こうせんじゅう》をつかんだ。

縮《ちぢ》ませ光線銃《こうせんじゅう》はロボットアームにつかまれたまま機体《きたい》に戻《もど》り、コックピットのうしろのガラスケースに収納《しゅうのう》された。

グルーは高《たか》らかに笑《わら》いながら、操縦桿《そうじゅうかん》を左右《さゆう》に動《うご》かした。

「やっと手《て》に入《い》れたぞ！」

助手席《じょしゅせき》のミニオンとにんまり笑《え》みを交《か》わした。と、機体《きたい》の天井《てんじょう》に穴《あな》があけられ、別《べつ》のロボットアームがおりてきた。

「どうした？」

予想外《よそうがい》のできごとにグルーは驚《おどろ》いて、振《ふ》り向《む》いた。縮《ちぢ》ませ光線銃《こうせんじゅう》を見守《みまも》っていたミニオンも、びっくりしてあんぐり口《くち》をあけた。

ロボットアームは縮《ちぢ》ませ光線銃《こうせんじゅう》の収納《しゅうのう》してあるガラスケースの上下《じょうげ》をつかむと、天井《てんじょう》の穴《あな》から出《で》ていった。

グルーはあっけに取《と》られ、操縦席《そうじゅうせき》から立《た》ちあがると、コックピットのガラス越《ご》しに空《そら》を見《み》あげた。丸《まる》い機体《きたい》が浮《う》かんでいて、今《いま》まさに飛《と》びさろうとしている。前面《ぜんめん》がガラス張《ば》りの機体《きたい》の操縦席《そうじゅうせき》には、ヘルメットにジャージ姿《すがた》の若者《わかもの》がいた。

ベクターだ！　縮《ちぢ》ませ光線銃《こうせんじゅう》を横取《よこど》りし、大口《おおぐち》をあけて笑《わら》っている。

「今度《こんど》、人《ひと》の頭《あたま》を凍《こお》らせるときは、よく考《かんが》えたほうがいいぜ！　あばよ、グルー！」

そう言《い》い残《のこ》し、ベクターの操縦《そうじゅう》する丸《まる》い機体《きたい》は去《さ》っていった。

「クソッ、あいつを逃《のが》すな！」

グルーは操縦桿《そうじゅうかん》を思《おも》いきり前《まえ》に倒《たお》した。やがてグルーの機体《きたい》のレーダーが、ベクターの機体《きたい》をとらえた。

「今《いま》だ！　撃《う》て！」

グルーが命令《めいれい》すると、ミニオンが機関銃《きかんじゅう》を撃《う》った。バンバン！　つぎつぎ弾《たま》が飛《と》んでいくが、ベクターはたくみな操縦《そうじゅう》でそれをよけた。

「残念《ざんねん》でしたあ」

ベクターは嘲《あざけ》るような顔《かお》で、自分《じぶん》を追跡《ついせき》しているグルーの機体《きたい》を振《ふ》り返《かえ》った。グルーの怒《いか》りは頂点《ちょうてん》に達《たっ》した。

「逃《に》がさんぞ！」

グルーは操縦桿《そうじゅうかん》についているスイッチを押《お》した。たちまち機体《きたい》の胴体部分《どうたいぶぶん》の左右《さゆう》から、山《やま》のようなミサイルがあらわれ、いっせいに攻撃《こうげき》を始《はじ》めた。ベクターも負《ま》けてはいない。機体《きたい》の後部《こうぶ》から自分《じぶん》のミサイルを発射《はっしゃ》し、グルーのミサイルを迎撃《げいげき》した。

「ヒャッホー、花火《はなび》みたい」

ベクターは笑《わら》った。

グルーの機体《きたい》のレーダーが、ベクターの機体《きたい》をロックオンした。

「よーし、とらえたぞ。ロックオンしたからには、あとは簡単《かんたん》だ」

とどめをさしてやる！　そうグルーが思《おも》った瞬間《しゅんかん》、白《しろ》い機体《きたい》の上部《じょうぶ》にベクターがあらわれた。手《て》には、盗《ぬす》んだばかりの縮《ちぢ》ませ光線銃《こうせんじゅう》を抱《かか》えている。グルーの機体目《きたいめ》がけて、銃《じゅう》が発射《はっしゃ》された。

「よう、グルー。サイズが合《あ》うかどうか、試《ため》してみろ」

ひゃあ！　グルーとミニオンたちは悲鳴《ひめい》をあげた。グルーの機体《きたい》が、どんどん縮《ちぢ》んでいくではないか。

「どうなってるんだ！」

機体《きたい》の内部《ないぶ》の壁《かべ》が上下左右前後《じょうげさゆうぜんご》から迫《せま》ってきて、グルーたちは身動《みうご》きが取《と》れなくなった。

やがて、グルーたちは空中《くうちゅう》に放《ほう》りだされた。それでもなんとか縮《ちぢ》んだ機体《きたい》にミニオンたちとまたがり、グルーは毒《どく》づいた。

「くっそう、ベクターめ!」

6

その夜《よる》、養護施設《ようごしせつ》の一室《いっしつ》で、マーゴ、イディス、アグネスの三姉妹《さんしまい》はそれぞれのベッドの上《うえ》で正座《せいざ》し、祈《いの》りを捧《ささ》げていた。

「……わたしたちを見守《みまも》り、よい眠《ねむ》りをお授《さず》けください」

イディスもマーゴに続《つづ》いて祈《いの》った。

「眠《ねむ》っているあいだに虫《むし》が耳《みみ》から入《はい》って、頭《あたま》の中《なか》で卵《たまご》を産《う》んだりしませんように」

末《すえ》っ子《こ》のアグネスは、目《め》を閉《と》じて真剣《しんけん》に祈《いの》った。

「早《はや》く里親《さとおや》が来《き》てくれますように。パパとママはやさしくて、ペットにユニコーンを飼《か》っていますように。アーメン」

その言葉《ことば》を合図《あいず》に、三人《さんにん》はベッドに入《はい》った。マーゴが眼鏡《めがね》をはずして枕《まくら》もとの明《あ》かりを消《け》すと、暗闇《くらやみ》の中《なか》にアグネスの歌声《うたごえ》が響《ひび》いた。

「ユニコーンが大好《だいす》き、ユニコーンが大好《だいす》き♪

ユニユニユニコーン、大大大好《だいだいだいす》き。ペットにしたいな♪

ユニコーンはほんとにいるのかな？

いるよ。一匹買《いっぴきか》ってペットにしたいな♪　そして仲良《なかよ》しになるんだ♪」

白《しろ》いドーム型《がた》の建物《たてもの》が、青空《あおぞら》を背《せ》に浮《う》かびあがる。建物《たてもの》には窓《まど》がひとつもなく、白《しろ》い塀《へい》に囲《かこ》まれている。建物《たてもの》のてっぺんと門《もん》には、金色《きんいろ》の〝V《ブイ》〟の字《じ》が輝《かがや》いている。

「ここがベクターの基地《きち》か」

派手《はで》な縞模様《しまもよう》のニット帽《ぼう》とマントをまとった男《おとこ》が、犬《いぬ》を散歩《さんぽ》させている。眼鏡《めがね》をかけたその男《おとこ》は変装《へんそう》したグルーだ。犬《いぬ》はロボットで、隠《かく》しカメラが仕込《しこ》んである。

塀《へい》の上《うえ》の監視《かんし》カメラがくるりと回転《かいてん》し、グルーのいる場所《ばしょ》に焦点《しょうてん》を当《あ》てた。まずい、見《み》つかる！　グルーはぴたりと塀《へい》に張《は》りついた。

ベクターはリビングにいた。半円《はんえん》の形《かたち》をしたソファに座《すわ》り、お菓子《かし》をボリボリ食《た》べながらゲームを楽《たの》しんでいる。天井《てんじょう》から吊《つ》りさがっているスクリーン上《じょう》の敵《てき》めざして、リモコンのボタンを押《お》す。銃《じゅう》が命中《めいちゅう》し、敵《てき》は吹《ふ》っとんでいった。

グルーは握《にぎ》っていたリードの手元《てもと》のスイッチを入《い》れた。リードは鋼鉄《こうてつ》でできている。それを立《た》てると、先端《せんたん》のロボット犬《けん》の頭部《とうぶ》が塀《へい》の上《うえ》に出《で》た。

パシャ！　隠《かく》しカメラが室内《しつない》のベクターの写真《しゃしん》を撮《と》った。半円《はんえん》の形《かたち》をしたソファに座《すわ》り、お菓子《かし》をむさぼり食《た》べながら、ゲームをしている。

家《いえ》の中《なか》では、不穏《ふおん》な雰囲気《ふんいき》を察《さっ》したベクターがスクリーンを切《き》り替《か》えた。

『非常事態発生《ひじょうじたいはっせい》！　非常事態発生《ひじょうじたいはっせい》！』

機械《きかい》の音声《おんせい》が響《ひび》き、塀《へい》の上《うえ》にいるロボット犬《けん》の映像《えいぞう》が、スクリーンにあらわれた。ベクターは顔色《かおいろ》ひとつ変《か》えずに傍《かたわ》らのキーボードを膝《ひざ》に載《の》せ、指《ゆび》でキーを叩《たた》いた。

ドーム型《がた》の建物《たてもの》の天井《てんじょう》があき、中《なか》からレーザー銃《じゅう》があらわれた。バキューン！　攻撃《こうげき》を受《う》け、ロボット犬《けん》は焼《や》けこげてしまった。

けれど、こんなことであきらめるグルーではない。変装《へんそう》をかなぐり捨《す》て、いつもの黒《くろ》いスーツ姿《すがた》に戻《もど》ると、黒《くろ》いゴーグルをかけ、ふたたび塀《へい》に近《ちか》づいた。

塀《へい》に耳《みみ》を当《あ》て、中《なか》の様子《ようす》をうかがう。と、塀《へい》の中《なか》からボクシングのグラブが飛《と》びだしてきて、パンチを放《はな》った。

グルーは、まだまだめげない。よーし、今度《こんど》は棒高跳《ぼうたかと》びで塀《へい》を越《こ》えてみせるぞ！　ポールがしなり、グルーは塀《へい》の上《うえ》におりたった。アチョー！　空手《からて》のポーズを取《と》る。

塀《へい》の上《うえ》から、ふたたびボクシングのグラブが飛《と》びだしてきた。急所《きゅうしょ》を直撃《ちょくげき》され、グルーはうめいた。そこにまたパンチ。さらにもう一回《いっかい》。

グルーは塀《へい》から外《そと》に落《お》ちた。くっそう、うまくいくと思《おも》ったのに。ベクターのやつめ！

バーン！　グルーの立《た》っている足元《あしもと》の板《いた》が跳《は》ねあがり、グルーは門《もん》の前《まえ》にはじきとばされた。さらに今度《こんど》は門《もん》が倒《たお》れてきて、グルーは下敷《したじ》きになった。

よーし、今度《こんど》はマンホールから侵入《しんにゅう》するぞ。そう思《おも》い、マンホールの蓋《ふた》をあけた次《つぎ》の瞬間《しゅんかん》、大《おお》きなサメが飛《と》びだしてきて、グルーに噛《か》みついた。

ひえ〜！　なんとかサメの口《くち》から逃《のが》れたグルーは、今度《こんど》はロープの先端《せんたん》を塀《へい》に引《ひ》っかけ、それをつたっていった。と、縁《ふち》がノコギリの歯《は》のようにギザギザになった円盤《えんばん》が飛《と》んできて、ロープを切《き》った。

うわ〜！　作戦《さくせん》、またも失敗《しっぱい》。グルーは落《お》っこちた。うーん。地面《じめん》に落下《らっか》してグルーがうめいていると、建物《たてもの》の上部《じょうぶ》から無数《むすう》の銃《じゅう》が飛《と》びだしてきて、グルーに照準《しょうじゅん》を合《あ》わせた。銃口《じゅうこう》から発射《はっしゃ》された光線《こうせん》を浴《あ》びた次《つぎ》の瞬間《しゅんかん》、空《そら》に黒《くろ》い煙《けむり》があがった。

グルーは黒《くろ》こげになった。

室内《しつない》ではベクターが楽《たの》しげにキーボードを叩《たた》きつづけていた。してやったり。ベクターはにんまりとした。

ことごとく作戦《さくせん》が失敗《しっぱい》し、グルーはがっくりした。なんとかして、基地《きち》の中《なか》に入《はい》る方法《ほうほう》はないものだろうか？

なすすべもなくベクターの基地《きち》を見《み》ていると、塀《へい》の前《まえ》をトボトボ歩《ある》く三人《さんにん》の少女《しょうじょ》の姿《すがた》が見《み》えた。先日《せんじつ》、クッキーを売《う》りにきた女《おんな》の子《こ》たちだ。どうやら今日《きょう》の目当《めあ》てはベクターの基地《きち》らしい。

マーゴが門《もん》の脇《わき》のチャイムを鳴《な》らすのを見《み》て、グルーはつぶやいた。

「幸運《こううん》を祈《いの》るぞ、みんな！」

グルーは成《な》り行《ゆ》きを見守《みまも》るため、双眼鏡《そうがんきょう》で観察《かんさつ》した。

マーゴが手《て》にしたクリップボードを眺《なが》めていると、建物《たてもの》の上部《じょうぶ》からまたしても無数《むすう》の銃《じゅう》があらわれた。

「ワッ、すごい」

アグネスはマーゴの背中《せなか》に隠《かく》れた。マーゴは息《いき》を呑《の》み、イディスは面白《おもしろ》そうに見《み》あげている。

マーゴは勇気《ゆうき》を出《だ》して、インターフォンに話《はな》しかけた。

「あ～、どうも。わたしたち、養護施設《ようごしせつ》から来《き》たんですけど……」

「関係《かんけい》ないよ、帰《かえ》れ！」

インターフォンから、ベクターの冷《つめ》たい声《こえ》が響《ひび》く。

「クッキーを買《か》ってくれませんか？　よりよい未来《みらい》のために」

マーゴの言葉《ことば》を聞《き》くと、ベクターがさえぎった。

「ちょっと待《ま》った！　ココナッティ・クッキーはあるか？」

「あります！」

マーゴは声《こえ》をはずませた。やったあ！　お客《きゃく》さんになってくれそう！

建物《たてもの》の上部《じょうぶ》に並《なら》んでいた銃《じゅう》がさっと引《ひ》っこんだ。門《もん》があき、三人《さんにん》は中《なか》に入《はい》った。それを双眼鏡《そうがんきょう》で見《み》ていたグルーの頭《あたま》に、妄想《もうそう》がわいた。

三人《さんにん》の少女《しょうじょ》たちが縮《ちぢ》ませ光線銃《こうせんじゅう》を抱《かか》えて、足取《あしど》りも軽《かる》く門《もん》から出《で》てくる姿《すがた》だ。

「ひらめいたぞ」

グルーはさっそく携帯電話《けいたいでんわ》を取《と》りだし、ネファリオ博士《はかせ》を呼《よ》びだした。

「やあ、博士《はかせ》。クッキーそっくりのロボットを一《いち》ダース作《つく》ってくれ」

「なんだって？」

「クッキー・ロボットだ！」

グルーは携帯電話《けいたいでんわ》に向《む》かってがなりたてた。

「おたく、誰《だれ》？」

博士《はかせ》が尋《たず》ねた。

「もういい！」

グルーは怒《おこ》って、電話機《でんわき》を放《ほう》りなげた。

7

養護施設《ようごしせつ》では、ミス・ハティがコンピューターの画面《がめん》に目《め》を凝《こ》らしていた。そこにはグルーの顔写真《かおじゃしん》と、経歴《けいれき》が映《うつ》しだされている。

「経歴《けいれき》に問題《もんだい》はないようですね、ドクター・グルー」

ミス・ハティは満足《まんぞく》そうにうなずいた。向《む》かい側《がわ》には、歯医者《はいしゃ》に扮《ふん》したグルーが椅子《いす》に座《すわ》っている。白衣《はくい》を着《き》て、胸《むね》ポケットには治療用《ちりょうよう》の器具《きぐ》、頭《あたま》にはルーペをかけていて、どこから見《み》ても歯医者《はいしゃ》にしか見《み》えない。

ミス・ハティは画面《がめん》をスクロールした。

「あら、これまでの業績《ぎょうせき》の一覧表《いちらんひょう》が載《の》ってるわ。喜《よろこ》んで、拝見《はいけん》しましょう」

カチャカチャ。グルー邸《てい》の地下《ちか》の研究室《けんきゅうしつ》では、一体《いったい》のミニオンがせわしなくコンピューターのキーボードを叩《たた》いている。ミス・ハティのコンピューターをハッキングし、グルーの偽《にせ》のプロフィールを送《おく》っているのだ。

「パーパカパー。エート……」

ミニオンは首《くび》をかしげ、適当《てきとう》にグルーの業績《ぎょうせき》を作《つく》りあげた。

「タタタター」

と、口《くち》ずさみながら。

そんなことともつゆ知《し》らず、ミス・ハティは画面《がめん》につぎつぎに映《うつ》しだされるグルーの業《ぎょう》績《せき》を読《よ》みあげた。

「まあ、名誉勲章《めいよくんしょう》をいただいているのね。それにイギリスのナイトの称号《しょうごう》も！」

グルーは冷《ひ》や汗《あせ》をかきながら、笑《わら》ってごまかした。ミニオンが調子《ちょうし》に乗《の》ってどんなでっちあげをするか、ハラハラしどおしだ。

「タタタター」

ミニオンは楽《たの》しげに、キーボードを叩《たた》きつづけている。面白《おもしろ》そう！　周囲《しゅうい》にいるほかのミニオンたちも、参加《さんか》したくてたまらない様子《ようす》だ。

「ミー！」

「ミー！」

次《つぎ》は自分《じぶん》がやる！　みんなウズウズしている。

ミス・ハティは、さらに画面《がめん》を読《よ》みあげた。

「それに、料理番組《りょうりばんぐみ》の司会《しかい》？　息《いき》を三十秒《さんじゅうびょう》止《と》めていられる？　これはあんまり意味《いみ》がないわねえ」

グルー邸《てい》の地下室《ちかしつ》では、誰《だれ》が先《さき》を続《つづ》けるかで争《あらそ》いが起《お》きていた。一体《いったい》のミニオンが、コンピューター前《まえ》の椅子《いす》にいたミニオンを突《つ》きとばし、代《か》わりに自分《じぶん》が席《せき》についた。大喜《おおよろこ》びで、カチャカチャ、キーボードを叩《たた》く。

「アー、エッヘッヘ！」

すると、突《つ》きとばされたミニオンが怒《おこ》り、椅子《いす》にいるミニオンに殴《なぐ》りかかった。

「ファイト、ファイト、ファイト！」

周囲《しゅうい》のミニオンたちが盛《も》りあげる。

「これはどういう意味《いみ》かしら？」

画面《がめん》の文字《もじ》が〝&%$#〟と、記号《きごう》ばかりになって、ミス・ハティは眉《まゆ》をひそめた。ミニオンたちが喧嘩《けんか》を始《はじ》め、文字《もじ》を打《う》つどころではなくなっていたからだ。

たまらずグルーは口《くち》を開《ひら》いた。

「エッヘン。実《じつ》は、正直言《しょうじきい》いまして、寂《さび》しくてたまらないんです。妻《つま》の……えーと、デビーを亡《な》くしてから。心《こころ》が虫歯《むしば》になったように、ぽっかり穴《あな》があいていて。それは子《こ》どもたちでしか埋《う》められないんです」

グルーはわざとらしく、すすり泣《な》いた。

「すみません」

と、両手《りょうて》で顔《かお》を覆《おお》った。指《ゆび》の隙間《すきま》からミス・ハティの様子《ようす》をうかがい、言葉《ことば》を続《つづ》けた。

「あなたは美《うつく》しい人《ひと》だ。スペイン語《ご》を話《はな》しますか？」

「話《はな》せるように見《み》えます？」

ミス・ハティは、首《くび》をかしげて答《こた》えた。なんでスペイン語《ご》？

「あなたの顔《かお》は……〝コモ・ウン・ブーロ〟です」

グルーはにっこり笑《わら》って、両手《りょうて》を差《さ》しだした。スペイン語《ご》で〝ロバそっくり〟という意《い》味《み》だ。お世辞《せじ》を言《い》われていると思《おも》い、ミス・ハティはうれしそうな顔《かお》になった。

「あらまあ、ありがとう」

よーし、うまくいったぞ！　グルーはにんまりした。

「それでは、養子縁組《ようしえんぐみ》の話《はなし》をさっそく進《すす》めてもらえますか？　いやあ、楽《たの》しみだ！」

ミス・ハティはインターフォンのスイッチを押《お》した。

「マーゴとイディスとアグネスに、ロビーに来《く》るよう伝《つた》えてちょうだい」

8

「キャーッ！」

三姉妹《さんしまい》は大喜《おおよろこ》びで自分《じぶん》たちの部屋《へや》に飛《と》びこむと、さっそく荷造《にづく》りに取《と》りかかった。

「きっと、ママは美人《びじん》よね！」

壁《かべ》のポスターをはがしながら、マーゴが声《こえ》をはずませる。イディスもブタの貯金箱《ちょきんばこ》をマーゴにわたしながら、

「パパの目《め》はキラキラしてそう！」

と、ニコニコした。その横《よこ》ではアグネスがうっとりとした顔《かお》でつぶやいた。

「きっとお家《うち》はクマさんグミで、できてるんだよ。すてきなお家《うち》なんだろうな」

アグネスは床《ゆか》からイモムシに似《に》た食《た》べ物《もの》を拾《ひろ》い、悲《かな》しそうに言《い》った。

「あーあ、あたしのイモムシ、チョウチョにならなかった」

「それ、お菓子《かし》だよ」

イディスに言《い》われると、アグネスはパクッとそれを口《くち》に放《ほう》りこんだ。


「デビーは、とってもしあわせだったんでしょうね」

ミス・ハティが言《い》うと、グルーはきょとんとした。

「え、デビーって?」

「奥様《おくさま》のことよ」

あ、そうそう。グルーは〝妻《つま》のデビー〟と嘘《うそ》をついたことを思《おも》い出《だ》した。そこに、三姉《さんし》妹《まい》が足取《あしど》りも軽《かる》く部屋《へや》に入《はい》ってきた。それぞれ手《て》に、スーツケースを持《も》っている。

「ああ、来《き》たわ。みんな、こちらがグルーさん。あなたたちを養女《ようじょ》に迎《むか》えたいんですって。歯医者《はいしゃ》さんなんですって」

ミス・ハティに言《い》われて、三人《さんにん》の顔《かお》が輝《かがや》いた。ついに里親《さとおや》と対面《たいめん》だ! けれどグルーが椅子《いす》から立《た》ちあがって振《ふ》り返《かえ》った瞬間《しゅんかん》、マーゴとイディスはポカンとした。この人《ひと》が里《さと》親《おや》？　なんだか、怖《こわ》そう……。

「やったあ！」

気《き》まずい沈黙《ちんもく》を破《やぶ》って、アグネスがグルーに駆《か》けより、片脚《かたあし》に飛《と》びついた。

「ええと……わたし、マーゴです」

長女《ちょうじょ》らしく自己紹介《じこしょうかい》をすると、マーゴはその場《ば》から去《さ》ろうとしていたイディスの片腕《かたうで》をつかみ、

「この子《こ》はイディス」

と、続《つづ》けた。さらにグルーの片脚《かたあし》から離《はな》れないアグネスを指《さ》して、言《い》った。

「その子《こ》はアグネス」

アグネスはキャッキャッ笑《わら》いながら、脚《あし》をよじのぼっている。

「脚《あし》つかまえた！」

グルーは途方《とほう》に暮《く》れていた。本当《ほんとう》に、この娘《むすめ》たちを引《ひ》き取《と》ってやっていけるんだろうか？　特《とく》にこの子《こ》ザルみたいなちっこい女《おんな》の子《こ》は……。

「よーし、もうそれくらいで勘弁《かんべん》してくれ。脚《あし》から離《はな》れてくれないか？　いい子《こ》だから、離《はな》れてくれ」

グルーが脚《あし》を持《も》ちあげると、アグネスはさらにはしゃいだ。

「もっと高《たか》くして！」

グルーは困《こま》りはてた。

「どうしたら離《はな》れてくれるんだ？　犬《いぬ》みたいに命令《めいれい》すればいいのか？　はがれるようなスプレーをかける？　まあいい、とにかく行《い》こう！」

そう言《い》って、アグネスを脚《あし》にくっつけたまま、歩《ある》きだした。

養護施設《ようごしせつ》の表《おもて》に出《で》ると、グルーは愛車《あいしゃ》を発進《はっしん》させた。三姉妹《さんしまい》は後部座席《こうぶざせき》にいる。マーゴは施設《しせつ》を振《ふ》り返《かえ》った。車《くるま》の排気《はいき》ガスで、玄関《げんかん》にいた少年《しょうねん》が持《も》つ風船《ふうせん》が割《わ》れ、少年《しょうねん》は泣《な》きだした。

本当《ほんとう》に、このグルーさんって人《ひと》についていっていいのかしら？

マーゴの胸《むね》に、得体《えたい》の知《し》れない不安《ふあん》が広《ひろ》がっていった。

9

白《しろ》いドーム型《がた》の建物《たてもの》の中《なか》では、ベクターが縮《ちぢ》ませ光線銃《こうせんじゅう》で得意《とくい》になって遊《あそ》んでいた。

「オーイエイ！」

光線銃《こうせんじゅう》を肩《かた》にかついで、洗面所《せんめんじょ》のガラスに映《うつ》る自分《じぶん》の姿《すがた》にうっとり見《み》とれた。

「なかなかキマッてるじゃん！　何見《なにみ》てるんだ、バキューン！」

口《くち》で音《おと》を出《だ》し、洗面台《せんめんだい》のマウスウォッシュに光線《こうせん》を発射《はっしゃ》。たちまち小《ちい》さくなったマウスウォッシュを見《み》て、雄《お》たけびをあげる。

「ざまあ見《み》ろ！」

次《つぎ》に洗面台目《せんめんだいめ》がけて光線《こうせん》を浴《あ》びせると、洗面台《せんめんだい》がおもちゃのように小《ちい》さくなった。

「けっ、縮《ちぢ》んでやがる」

面白《おもしろ》くてたまらない。と、携帯電話《けいたいでんわ》の呼《よ》び出《だ》し音《おん》がした。チェッ、楽《たの》しんでる最中《さいちゅう》に！　ジャージのズボンの尻《しり》ポケットから電話機《でんわき》を取《と》りだして、耳《みみ》に当《あ》てた。

「もしもし」

電話《でんわ》の相手《あいて》は、悪党銀行《あくとうぎんこう》のパーキンスだった。

「縮《ちぢ》ませ光線銃《こうせんじゅう》なら、ゲットしたぜ！」

ベクターは得意《とくい》げに答《こた》えた。

「え？　ああ、遊《あそ》びなんかに使《つか》っちゃいない」

と、嘘《うそ》をついた。パーキンスが電話《でんわ》の向《む》こうで何《なに》か言《い》った。

「グルー？　笑《わら》わせんなよ。あいつに月《つき》が盗《ぬす》めるもんか。決着《けっちゃく》がつくころには、あいつは半泣《はんな》きになってるだろうよ！」

ベクターは便器《べんき》に光線《こうせん》を発射《はっしゃ》した。

「じゃあ、また」

電話《でんわ》を切《き》ると、ミニチュアサイズになった便器《べんき》の前《まえ》に膝《ひざ》をつき、話《はな》しかけた。

「こんなちっこいトイレを使《つか》うやつは、さぞかしケツがちっこいやつだろうな」

そう言《い》って便器《べんき》の蓋《ふた》をあけると、ビューーッ！　便器《べんき》の水《みず》が勢《いきお》いよくベクターの顔《かお》を直撃《ちょくげき》した。

「こら、生意気《なまいき》な真似《まね》をするな！」

キキーッ。グルーの愛車《あいしゃ》が家《いえ》の前《まえ》で停《と》まった。三姉妹《さんしまい》は不安《ふあん》そうな顔《かお》で、車《くるま》からおりた。

「さあ、着《つ》いたぞ。ここが我《わ》が家《や》だ」

グルーが得意《とくい》げに言《い》う。どこもかしこも真《ま》っ黒《くろ》で不気味《ぶきみ》な家《いえ》を見《み》て、マーゴが顔《かお》をしかめた。なんだか……思《おも》っていた家《いえ》とちがう。

「ここがあなたの家《いえ》？」

マーゴは尋《たず》ねた。なんとなく見《み》たことのあるような……そうだ！　先日《せんじつ》クッキーを売《う》りにきて、追《お》い返《かえ》された家《いえ》だ。

「待《ま》って。あなたは録音機《ろくおんき》のふりをした人《ひと》？」

前《まえ》を歩《ある》いていたグルーは振《ふ》り向《む》き、しらじらしく答《こた》えた。

「いや、それは別《べつ》のやつだ」

三姉妹《さんしまい》は、うさんくさいものでも見《み》るような目《め》になった。どうもおかしい。なんで、この人《ひと》がわたしたちを養女《ようじょ》に迎《むか》えたんだろう？　何《なに》か魂胆《こんたん》がありそう。

家《いえ》の中《なか》に入《はい》ると、三人《さんにん》の疑《うたが》いはますます募《つの》った。およそ子《こ》どもの暮《く》らすような家《いえ》には見《み》えない。自分《じぶん》たちを歓迎《かんげい》するようなおもちゃひとつないし……。

「手《て》をつないでもいい？」

アグネスが片手《かたて》を差《さ》しだした。グルーはきっぱり断《ことわ》った。

「だめだ」

ずんずん前《まえ》を行《い》くグルーのあとを、三姉妹《さんしまい》はおずおずとついていった。ライオンの剥製《はくせい》を見《み》て、イディスがつぶやいた。

「ハゲのおじさんだから、てっきりアニーみたいになれると思《おも》ったのに」

『アニー』とはブロードウェイの有名《ゆうめい》なミュージカルで、孤児《こじ》の少女《しょうじょ》がハゲの男《おとこ》の人《ひと》に引《ひ》き取《と》られて最後《さいご》はしあわせになる物語《ものがたり》だ。

そこにカイルがあらわれ、グルル、と牙《きば》を剥《む》いた。獰猛《どうもう》そうな犬《いぬ》！　三姉妹《さんしまい》は息《いき》を呑《の》んだ。グルーは心配《しんぱい》そうに三人《さんにん》とカイルを見《み》くらべた。ここで怖《こわ》がらせたらまずい。

ウーワン！　カイルが吠《ほ》えながら、三姉妹《さんしまい》に向《む》かっていく。

「こら、止《や》めろ！」

グルーは丸《まる》めた新聞紙《しんぶんし》でカイルを叩《たた》いた。カイルは新聞紙《しんぶんし》を引《ひ》っ張《ぱ》り、食《く》いちぎった。

マーゴがとがめるような目《め》で、グルーを見《み》る。

「カイル、この子《こ》たちは食《く》い物《もの》じゃない。お客《きゃく》だ」

グルーは犬《いぬ》に言《い》い聞《き》かせた。次《つぎ》に少女《しょうじょ》らに向《む》かい、

「こいつはカイル。俺《おれ》の……犬《いぬ》だ」

「うわあ、フワフワだ」

アグネスは姉《あね》たちから離《はな》れ、カイルに近《ちか》づく。カイルはびっくりしてその場《ば》から逃《に》げていった。

「なんていう種類《しゅるい》の犬《いぬ》？」

マーゴが尋《たず》ねた。

「あれは……」

グルーは言葉《ことば》に詰《つ》まった。ピラニアとピットブルとを交配《こうはい》させた犬《いぬ》とは言《い》えない。無駄《むだ》

に少女《しょうじょ》たちをビビらせるだけだ。

「俺《おれ》も知《し》らないんだ」

と、とぼけた。マーゴはいかにも長女《ちょうじょ》らしく、きっぱりと告《つ》げた。

「ここが子《こ》どもを育《そだ》てるのにふさわしい環境《かんきょう》だと思《おも》ってるの？　はっきり言《い》って、そうじゃないわよね？」

紙《かみ》パックのジュースを飲《の》んでいたイディスは、部屋《へや》の隅《すみ》に立《た》てかけてある大《おお》きな棺《ひつぎ》のような箱《はこ》に近《ちか》づいた。蓋《ふた》があいていて、箱《はこ》の内部《ないぶ》から釘《くぎ》がたくさん突《つ》きでている。大昔《おおむかし》の拷問装置《ごうもんそうち》だ。

イディスは箱《はこ》に入《はい》った。グルーはあわてて箱《はこ》に駆《か》けよる。

「こら、よせ！　そいつは壊《こわ》れやすいんだ！」

パタン。イディスが内側《うちがわ》から箱《はこ》の蓋《ふた》を閉《し》めた。箱《はこ》の下《した》から液体《えきたい》が流《なが》れてきた。血《ち》？　マーゴは息《いき》を呑《の》み、アグネスを抱《だ》きしめた。イディスは死《し》んじゃったの？

グルーは何食《なにく》わぬ顔《かお》で、箱《はこ》から離《はな》れた。

「まあ、いいか。ふたりいたら、計画《けいかく》には充分《じゅうぶん》だからな」

と、箱《はこ》の中《なか》からイディスの声《こえ》が響《ひび》いた。

「ちょっと、真《ま》っ暗《くら》だよ！」

なんだ、生《い》きていたのか。グルーは箱《はこ》の蓋《ふた》を開《ひら》いた。イディスは怪我《けが》ひとつなく無事《ぶじ》で、ジュースの紙《かみ》パックが釘《くぎ》に突《つ》きささっている。

「パックに穴《あな》があいて、ジュースが流《なが》れちゃったじゃない！」

イディスは口《くち》をとがらせた。


グルーは三姉妹《さんしまい》を連《つ》れて、キッチンに入《はい》った。

「見《み》ればわかるだろ？　子《こ》どもに必要《ひつよう》なものは、全部《ぜんぶ》そろってる」

と言《い》って、床《ゆか》に新聞紙《しんぶんし》を敷《し》いた。

「オシッコはここ」

その横《よこ》には、ペット用《よう》の水飲《みずの》み容器《ようき》とペットフード用《よう》の皿《さら》が並《なら》べてある。

「水《みず》はここ。食事《しょくじ》はここだ」

これじゃ、わたしたち犬《いぬ》か猫並《ねこな》みじゃない！　マーゴはあきれてしまった。

イディスは周囲《しゅうい》の雰囲気《ふんいき》を無視《むし》して、棚《たな》の上《うえ》に手《て》をすべらせた。緑色《みどりいろ》の液体《えきたい》の入《はい》ったフラスコが棚《たな》から落《お》ち、ガッチャーン！　床《ゆか》でくだけた。

「壊《こわ》れちゃった！」

イディスはしれっとした顔《かお》で、床《ゆか》を指《ゆび》さした。

ウヌヌ……。グルーの堪忍袋《かんにんぶくろ》の緒《お》が切《き》れかかったが、なんとか自分《じぶん》を抑《おさ》えつけた。我慢《がまん》。ここはひたすら我慢《がまん》だ。

「よし、ルールをいくつか作《つく》ろう」

グルーは背中《せなか》のうしろで両手《りょうて》を組《く》み、キッチンを歩《ある》きまわった。

「ルールその一《いち》。絶対《ぜったい》になんにもさわらないこと！」

「わかった」

マーゴが答《こた》えた。

「床《ゆか》もさわっちゃだめ？」

マーゴの言葉《ことば》に、グルーは苦々《にがにが》しく答《こた》えた。

「床《ゆか》はさわっていい」

「じゃあ、空気《くうき》は？」

マーゴはなおも挑《いど》むように尋《たず》ねた。いまいましい小娘《こむすめ》め！　グルーは歯《は》ぎしりをした。

「空気《くうき》もさわっていい」

「じゃ、これは？」

イディスが武器《ぶき》の先《さき》をグルーの顔《かお》に向《む》けた。グルーはぎょっとした。隠《かく》しておいたはずの武器《ぶき》だ。いつ、どこで見《み》つけた？　銃口《じゅうこう》から光線《こうせん》が発射《はっしゃ》された。グルーはあわてて、近《ちか》くにあったフライパンで顔《かお》を覆《おお》った。

「どこから持《も》ってきたんだ？」

厳《きび》しい顔《かお》で問《と》いつめ、イディスの手《て》から武器《ぶき》を奪《うば》い取《と》る。

「見《み》つけたの」

イディスはすずしい顔《かお》で答《こた》えた。まったく、油断《ゆだん》も隙《すき》もないな。グルーは武器《ぶき》とフライパンをカウンターに置《お》くと、娘《むすめ》たちを見《み》やった。

「よし、ルールその二《に》。仕事中《しごとちゅう》は俺《おれ》の邪魔《じゃま》をするな。ルールその三《さん》。泣《な》いたり、ぐずったり、笑《わら》ったりするな。クスクスするのも禁止《きんし》。くしゃみもゲップもおならもダメだ。とにかく、イライラさせる音《おと》は全部禁止《ぜんぶきんし》。わかったな？」

身振《みぶ》り手振《てぶ》りをまじえて力説《りきせつ》していると、アグネスが頬《ほお》をふくらませて両手《りょうて》で叩《たた》いた。

プププ……口《くち》から音《おと》が出《で》た。

グルーはアグネスの両手《りょうて》をつかみ、顔《かお》を寄《よ》せた。険《けわ》しい顔《かお》つきだ。

「その音《おと》も禁止《きんし》！」

そうしてキッチンから出《で》ていった。

「じゃあ、六時間後《ろくじかんご》にまた会《あ》おう」

「わかった」

マーゴはむっつりと答《こた》えた。

「大丈夫《だいじょうぶ》、心配《しんぱい》いらない。絶対《ぜったい》しあわせになるんだから。ね？」

そう言《い》って両脇《りょうわき》を見《み》ると、アグネスがいない。

「アグネス？」

マーゴはあたりを見《み》まわした。

「うぐ」

アグネスがくぐもった声《こえ》で返事《へんじ》をした。床《ゆか》に両手足《りょうてあし》をついて、ペットフード用《よう》の皿《さら》に顔《かお》を突《つ》っこみ、山盛《やまも》りになったお菓子《かし》をガツガツ食《た》べていたのだ。まさに犬《いぬ》か猫《ねこ》みたいに。

ふうっ。マーゴはため息《いき》をついた。

10

グルー邸《てい》の地下《ちか》の研究室《けんきゅうしつ》。いくつもの足場《あしば》が組《く》まれ、

「パタピポ、パタピポ」

その上《うえ》をミニオンたちが、せわしなく行《い》ったり来《き》たりしている。

グルーはネファリオ博士《はかせ》と並《なら》んで、研究室《けんきゅうしつ》の中央《ちゅうおう》のステージを見《み》つめていた。ステージの上《うえ》には、奇妙《きみょう》な形《かたち》のロボットが一《いち》ダースそろっている。ロボットの胴体《どうたい》はすらりとしており、細長《ほそなが》い手足《てあし》がついている。頭《あたま》はモジャモジャだ。

パンパン！　博士《はかせ》が手《て》を叩《たた》いた。天井《てんじょう》のミラーボールがキラキラ輝《かがや》き、ノリのいい歌《うた》が流《なが》れ、ロボットはいっせいに激《はげ》しいダンスを踊《おど》りだした。

やがてステージの中央《ちゅうおう》に一体《いったい》のミニオンがあらわれ、ロボットのグループと一緒《いっしょ》に踊《おど》った。ステージはライトが点滅《てんめつ》し、どこから見《み》ても、ディスコそのものだ。

なんじゃ、こりゃ？　グルーの目《め》が点《てん》になる。横《よこ》でリズムに合《あ》わせて体《からだ》を揺《ゆ》すっているネファリオ博士《はかせ》に尋《たず》ねた。

「博士《はかせ》、ちょっと聞《き》くが、これはなんだ？」

「一《いち》ダースのブ、ブギー・ロボットさ！」

なんだって？　グルーはあわててスイッチを切《き》った。ミラーボールも音楽《おんがく》も、たちまちストップした。

グルーは鼻《はな》の付《つ》け根《ね》をつまみ、顔《かお》をしかめた。

「俺《おれ》が頼《たの》んだのは、ブ、ブギー・ロボットじゃなく、クッ、キ、キー・ロボットだ。それなのに、なんであんたは……ずれてるんだ」

グルーはがっかりした顔《かお》で、その場《ば》から立《た》ち去《さ》ろうとした。ネファリオ博士《はかせ》は、その背《せ》に声《こえ》をかけた。

「わかった。すぐ取《と》りかかる」

「入《はい》りまーす」

マーゴ、イディス、アグネスの三姉妹《さんしまい》は声《こえ》をかけると重《おも》い扉《とびら》をあけ、リビングに入《はい》った。中《なか》は真《ま》っ暗《くら》だ。三人《さんにん》は戸口《とぐち》で顔《かお》を見合《みあ》わせ、思《おも》い切《き》って前《まえ》に進《すす》んだ。

アグネスはサイの椅子《いす》を見《み》つけ、近《ちか》づいた。このおっきいの、なんだろう？　よく見《み》ると、近《ちか》くの台《だい》にリモコンが置《お》いてある。

「テレビだ！」

アグネスはリモコンを取《と》るために、サイの椅子《いす》に飛《と》びついた。手《て》を伸《の》ばしたが、リモコンには届《とど》かない。あー、もうちょっとなのに……。さらに手《て》を伸《の》ばす。

グルル……カイルが椅子《いす》に飛《と》びのり、アグネスの足《あし》に噛《か》みつこうとした。その拍子《ひょうし》に、カイルはグイーンと前《まえ》に押《お》しだされた。アグネスがサイの脚《あし》のスイッチにさわってしまったのだ。

たちまち二本《にほん》のロボットアームが床《ゆか》からあらわれ、天井《てんじょう》からガラスの筒《つつ》をおろした。

「あれは何《なに》？」

マーゴはびっくりした。グルーの秘密《ひみつ》のエレベーターだ。

「ウワー。カッコいい！　行《い》こう！」

イディスはほかのふたりの先頭《せんとう》に立《た》ち、エレベーターに駆《か》けよった。マーゴはアグネスの手《て》を引《ひ》き、あとをついていく。

「歯医者《はいしゃ》さんじゃなさそうだね」

アグネスが不安《ふあん》そうに口《くち》にした。

三人《さんにん》は筒《つつ》の中《なか》に入《はい》った。左右《さゆう》のロボットアームが筒《つつ》をうしろの台《だい》に載《の》せると、台《だい》がするするおりていった。

地下《ちか》の研究室《けんきゅうしつ》では、一体《いったい》のミニオンがフラスコに入《はい》ったピンクの液体《えきたい》をゴクゴク飲《の》んでいた。おっ？　たちまち体《からだ》が浮《う》きあがり、ミニオンはびっくりして目《め》をぱちくりさせた。

「これが前《まえ》から研究《けんきゅう》を進《すす》めていた、重力《じゅうりょく》に逆《さか》らう薬《くすり》だ」

ネファリオ博士《はかせ》が自慢《じまん》そうに言《い》った。

「パラトゥ、ウワーッ！」

ミニオンは天井《てんじょう》のあいた部分《ぶぶん》から、飛《と》んでいってしまった。

「いかん。天井《てんじょう》を閉《し》めわすれてた。まあ、大丈夫《だいじょうぶ》だろう」

博士《はかせ》は平然《へいぜん》としている。グルーが尋《たず》ねた。

「効果《こうか》はあるのか？」

「まあ、今《いま》のところは効果《こうか》が薄《うす》れることはない」

博士《はかせ》は天井《てんじょう》を見《み》あげた。たくさんのミニオンたちが、プカプカ浮《う》かんでいる。

「それと、ほら、おまえに頼《たの》まれていた新兵器《しんへいき》だ」

博士《はかせ》は、ラッパのような形《かたち》の黒《くろ》い銃《じゅう》をグルーに見《み》せた。近《ちか》くにいたミニオンに向《む》け、銃《じゅう》を撃《う》つと、ブオー！　おならのような音《おと》とともに黒《くろ》い煙《けむり》が噴《ふ》きだした。おならのにおいが、あたりに漂《ただよ》う。

ウッ。ミニオンはその臭《くさ》さに、気絶《きぜつ》した。

「ちがう、ちがう！　俺《おれ》が頼《たの》んだのは、ダート銃《吹き矢じゅう》だ。おなら銃《ファートじゅう》じゃない！」

グルーは手《て》で、おならのにおいを払《はら》った。

「やっぱりな。こんなもの、いつ使《つか》うんだろうと不思議《ふしぎ》だったんだ。まあ、それはさておき、ほんとに見《み》せたかったのはこいつだ」

博士《はかせ》はおなら銃《ファート》を置《お》き、代《か》わりに四角《しかく》いリモコンを手《て》にした。台《だい》の上《うえ》に、グルーの〝G《ジー》〟マークのついた帽子《ぼうし》を頭《あたま》にのせた、筒状《つつじょう》のロボットがあらわれた。筒《つつ》の下《した》には、丸《まる》いクッキーがついている。

博士《はかせ》がリモコンを操作《そうさ》すると、筒状《つつじょう》の上部《じょうぶ》がパカッと左右《さゆう》に開《ひら》き、目玉《めだま》のようなものがあらわれた。

筒状《つつじょう》のロボットはするすると縮《ちぢ》み、ちょこまか歩《ある》きだした。グルーは目《め》を見張《みは》った。

「これはクッキー・ロボットじゃないか！」

ふたりしてロボットの動《うご》きを見《み》ていると、

「ランラララ ンランラン♪」

台《だい》の向《む》こう側《がわ》から、鼻歌《はなうた》とともにユニコーンのぬいぐるみがあらわれた。グルーはぎょっとした。ぬいぐるみを手《て》にしたアグネスのほか、マーゴやイディスもいる。

「ここで何《なに》してるんだ？　キッチンでおとなしくしてろと言《い》ったじゃないか！」

グルーは声《こえ》を荒《あら》らげた。

「飽《あ》きちゃった。ここはなんなの？」

マーゴは胸《むね》の前《まえ》で両腕《りょううで》を組《く》んで尋《たず》ねた。イディスは液体《えきたい》の入《はい》ったフラスコを興味津々《きょうみしんしん》といった顔《かお》で見《み》つめている。おいしそうなジュースに見《み》える。

「これ、飲《の》んでいい？」

「だめだ！」

ネファリオ博士《はかせ》が、あわててフラスコを取《と》りあげた。

「どか〜〜んと爆発《ばくはつ》したいのか？」

イディスはむっとして、博士《はかせ》を蹴《け》った。

「うう！　グルー！」

博士《はかせ》はグルーに助《たす》けを求《もと》めた。

「おとなしくキッチンに戻《もど》れ！」

グルーは怒《いか》りで顔《かお》を真《ま》っ赤《か》にして、腕《うで》を振《ふ》りあげ、マーゴに指《ゆび》を突《つ》きつけた。

「あとで遊《あそ》んでくれる？」

アグネスがグルーを見《み》あげた。その愛《あい》らしい瞳《ひとみ》に、グルーは思《おも》わず振《ふ》りあげた腕《うで》をおろした。が、きっぱりと告《つ》げた。

「だめだ」

「なんで？」

アグネスは無邪気《むじゃき》に尋《たず》ねた。

「忙《いそが》しいからだ」

「何《なに》をして忙《いそが》しいの？」

マーゴが近《ちか》くにある武器《ぶき》を手《て》にし、グルーに向《む》けた。

「わかった、わかった」

グルーはマーゴの手《て》から、武器《ぶき》をそっと取《と》りあげた。

「しょうがないな。実《じつ》は歯医者《はいしゃ》は趣味《しゅみ》みたいなもんで、ほんとは俺《おれ》は――」

グルーはそこで声《こえ》を落《お》とした。いかにも内緒話《ないしょばなし》をするように。

「――スパイなんだ。トップシークレットなんだから、人《ひと》に言《い》うなよ。もし人《ひと》に知《し》られたら……」

「これは何《なに》？」

イディスが細長《ほそなが》い武器《ぶき》のスイッチを入《い》れた。ビーッ！　武器《ぶき》の先《さき》からオレンジ色《いろ》の光線《こうせん》が飛《と》びだし、アグネスのユニコーンのぬいぐるみに命中《めいちゅう》。ユニコーンは黒《くろ》こげになったかと思《おも》うと、灰《はい》になってボロボロにくずれた。

「きゃあ！」

アグネスが悲鳴《ひめい》をあげた。

「やばい」

イディスは武器《ぶき》から手《て》を離《はな》した。

「あたしのユニコーンが……。もとに戻《もど》してよ！」

「戻《もど》せ？　燃《も》えて灰《はい》になったものを？　無理《むり》だ」

グルーはそっぽを向《む》いた。そもそも、ここは少女《しょうじょ》たちが来《き》てはいけない場所《ばしょ》だ。俺《おれ》になんの責任《せきにん》がある？

アグネスは口《くち》を閉《と》じ、息《いき》を止《と》めた。

「何《なに》してる?」

グルーが尋《たず》ねると、マーゴが代《か》わりに答《こた》えた。

「新《あたら》しいユニコーンをもらえるまで、息《いき》を止《と》めてるの」

まったく、子《こ》どもってやつは。グルーはアグネスに顔《かお》を寄《よ》せた。

「ただのぬいぐるみじゃないか。いい加減《かげん》にしろ!」

「ううう……」

アグネスは息《いき》を止《と》めたまま、うめいた。苦《くる》しくなってきたのだ。もうだめ……ついに、床《ゆか》に仰向《あおむ》けに倒《たお》れてしまった。グルーはしぶしぶ降参《こうさん》した。

「わかった、わかった。なんとかしてやる」

そう言《い》ってアグネスの体《からだ》を起《お》こすと、インターフォンでミニオンを呼《よ》びだした。

「ティム、マーク、フィル」

すぐに三体《さんたい》があらわれた。

「おまえたちに重大《じゅうだい》な任務《にんむ》を与《あた》える。この子《こ》に新《あたら》しいユニコーンのおもちゃを見《み》つけてこい!」

「え、パモチャ？」

マークが聞《き》き返《かえ》した。

「ちがう、ちがう。パモチャ」

ティムが言《い》いなおした。結局《けっきょく》、同《おな》じことだったが。

「あー。パモチャ！」

マークがうれしそうに両手《りょうて》を広《ひろ》げた。その横《よこ》で、フィルが笑《わら》った。

「ちがう、おもちゃだ！」

グルーがいらだった声《こえ》で言《い》った。

「あいあい。パモチャ」

マークが振《ふ》り返《かえ》って出口《でぐち》に向《む》かった。

「早《はや》くしろよ！」

グルーはせかした。

「あれ、何《なに》？」

不思議《ふしぎ》な生《い》き物《もの》を見《み》て、マーゴは目《め》を丸《まる》くしている。

「あれは……うーん」

グルーは言葉《ことば》に詰《つ》まった。ミニオンのことは、とてもひと口《くち》では言《い》いあらわせない。ここはひとつ、ごまかすしかない。

「あれは俺《おれ》のいとこだ」

苦《くる》しまぎれに嘘《うそ》をついた。そして、腕《うで》をうしろで組《く》み、別《べつ》のミニオンたちを呼《よ》んだ。

「ジェリー、スチュアート！」

トコトコ、と二体《にたい》があらわれた。グルーは命令《めいれい》した。

「この子《こ》たちが邪魔《じゃま》しないように、見張《みは》っておけ」

11

ブーン。赤《あか》い乗用車《じょうようしゃ》が通《とお》りを走《はし》っていく。運転《うんてん》しているのは母親《ははおや》で、後部座席《こうぶざせき》には女《おんな》の

子《こ》がいる。ふと横《よこ》を見《み》た女《おんな》の子《こ》は、ギョッとした。

見《み》たこともない車《くるま》が走《はし》っているではないか。長靴《ながぐつ》をうしろ向《む》きにしたような形《かたち》の車《くるま》で、運転席《うんてんせき》には黄色《きいろ》い生《い》き物《もの》がいる。

これからグルーの命令《めいれい》を受《う》けて、三体《さんたい》でおもちゃを買《か》いにいくところだ。

女《おんな》の子《こ》は車《くるま》の窓《まど》に顔《かお》をくっつけて、その珍妙《ちんみょう》な車《くるま》に手《て》を振《ふ》った。

マークの運転《うんてん》する車《くるま》は、ショッピングセンターの駐車場《ちゅうしゃじょう》に停《と》まった。髭《ひげ》をつけて茶色《ちゃいろ》の帽子《ぼうし》をかぶったマーク、赤《あか》ちゃんに扮《ふん》したフィル、金髪《きんぱつ》のかつらにドレス姿《すがた》のティムは、自動《じどう》ドアを抜《ぬ》けて店《みせ》に入《はい》った。

「ワーオ」

中《なか》を見《み》て、三体《さんたい》は驚《おどろ》きの声《こえ》をもらした。店《みせ》の端《はし》から端《はし》までずらりと棚《たな》が並《なら》び、商品《しょうひん》で埋《う》めつくされている。

父親役《ちちおややく》のマークは自分《じぶん》の役割《やくわり》も忘《わす》れ、走《はし》りだした。

「パモチャ、パモチャ！」

赤《あか》ちゃん役《やく》のフィルも、すっかり興奮《こうふん》して、ちょこまか歩《ある》いた。母親役《ははおややく》のティムも、

「ハッハー！」

カートを押《お》しながら、あとを追《お》いかける。

フィルは飲《の》み物《もの》の並《なら》んでいる棚《たな》に近《ちか》づくと、ボトルを一本手《いっぽんて》に取《と》った。シャカシャカボトルを振《ふ》ると、ポン！　蓋《ふた》がはじけとび、シュワー！　中身《なかみ》の炭酸水《たんさんすい》があふれでた。

「アワワ……」

フィルはボトルの先《さき》を口《くち》にくわえ、炭酸水《たんさんすい》を飲《の》んだ。ゴクゴク。炭酸《たんさん》のせいで、フィルの体《からだ》はずんずん丸《まる》くふくらんでいく。やがてボトルはロケットのように吹《ふ》っとび、その反動《はんどう》でフィルはうしろにひっくり返《かえ》った。そこにボトルが舞《ま》いもどってきて、フィルの体《からだ》をすっとばした。

マークはマッサージチェアの前《まえ》で立《た》ち止《ど》まった。なんだろう？　さっそくチェアによじのぼって腰《こし》をおろした。

「イチュ、イチュ」

すっかりくつろいでいると、そこにフィルが飛《と》んできて、棚《たな》にぶつかり、落《お》ちた。マークはそれには気《き》づかず、リモコンを押《お》した。ブルブルブルブル……たちまち振動《しんどう》が体《からだ》につたわり、マークはうっとり目《め》を閉《と》じた。

一方《いっぽう》、ティムはずらりと並《なら》んだテレビの前《まえ》にいた。カメラの前《まえ》に立《た》つと自分《じぶん》がテレビの画面《がめん》に映《うつ》る仕組《しく》みになっていて、いろいろな表情《ひょうじょう》を作《つく》っては楽《たの》しんでいる。

「ベロベロベロ」

舌《した》を突《つ》きだしたり、引《ひ》っこめたり。ワーイ、面白《おもしろ》い！

やがてティムは、置《お》いてあったマイクに目《め》をとめ、さっそく手《て》に取《と》り、歌《うた》いだした。

「パーポー。パーペラア♪」

ティムの歌声《うたごえ》を聞《き》きつけたマークとフィルも集《あつ》まってきて、三体《さんたい》は声《こえ》を合《あ》わせて歌《うた》い、踊《おど》った。


うん？　なんだか騒《さわ》がしいぞ。リビングに入《はい》ったグルーは、あっけに取《と》られた。柱《はしら》にはトイレットペーパーが巻《ま》きつけられている。柱《はしら》だけではない。あちこちペーパーだらけで、三姉妹《さんしまい》はソファの上《うえ》で跳《と》びはねている。床《ゆか》には、体《からだ》をペーパーでぐるぐる巻《ま》きにされたミニオンのスチュアートが、横《よこ》たわっているではないか。

グルーが来《き》たことに気《き》づくと、三姉妹《さんしまい》はぴたりと動《うご》きを止《と》めた。イディスはソファの上《うえ》から、そばに立《た》っているミニオンのジェリーを指《ゆび》さした。

「いとこが始《はじ》めたの」

「ミー？」

ジェリーが抗議《こうぎ》の声《こえ》をあげた。

「いいから、もう寝《ね》ろ」

グルーはむっつりとした顔《かお》で命令《めいれい》した。

「え〜？」

三姉妹《さんしまい》は不満《ふまん》そうになった。

グルーは腹《はら》が立《た》った。見張《みは》りを言《い》いつけておいたのに、役立《やくた》たずのやつらめ！

ミニオンのジェリーとスチュアートも、がっかりした。

「は〜あ」

「おまえらは、寝《ね》なくていい」

と告《つ》げると、

「イエーイ！」

二体《にたい》のミニオンは万歳《ばんざい》をした。

三姉妹《さんしまい》はグルーに連《つ》れられ、寝室《しんしつ》に入《はい》った。

どんなかわいい部屋《へや》かしら？　ワクワクしていた三人《さんにん》の期待《きたい》は、部屋《へや》に入《はい》った瞬間《しゅんかん》シュ
ーッとしぼんだ。そこにあったのは、大《おお》きな爆弾《ばくだん》をくりぬいた三《みっ》つのベッドだった。

グルーはアグネスの体《からだ》をベッドのひとつに落《お》とすと、

「おやすみ。また明日《あした》な。いい夢見《ゆめみ》ろよ」

そっけなく言《い》った。憮然《ぶぜん》とした顔《かお》でベッドに横《よこ》たわったマーゴは、枕《まくら》もとにいるグルー
に告《つ》げた。

「言《い》っとくけど、パパなんて認《みと》めないからね」

「俺《おれ》はそれでかまわない」

グルーが壁《かべ》のスイッチを入《い》れると、三台《さんだい》のベッドそれぞれがせりあがった。

「このベッド、爆弾《ばくだん》で作《つく》ったの？」

イディスはベッドの上《うえ》に体《からだ》を起《お》こし、尋《たず》ねた。

「ああ。でも古《ふる》い爆弾《ばくだん》だから爆発《ばくはつ》しないと思《おも》う。けど、あんまり暴《あば》れるなよ」

「カッコいい！」

恐《おそ》れ知《し》らずのイディスは、爆弾《ばくだん》のベッドに寝《ね》ると思《おも》うと、ワクワクしていた。アグネスが、一冊《いっさつ》の本《ほん》をグルーに差《さ》しだす。

「ねえ、寝《ね》る前《まえ》に本《ほん》を読《よ》んで」

本《ほん》？　冗談《じょうだん》じゃない。グルーはむっつりとした顔《かお》で、ひとことだけ発《はっ》した。

「いやだ」

「でも、本《ほん》を読《よ》んでもらわないと眠《ねむ》れない」

アグネスは駄々《だだ》をこねた。

「だったら、今夜《こんや》は長《なが》い夜《よる》になりそうだな。じゃ、おやすみ。しっかり寝《ね》るんだぞ」

グルーは戸口《とぐち》に向《む》かい、ドアに手《て》をかけた。ふと、何《なに》かを思《おも》い出《だ》したように、振《ふ》り返《かえ》った。

「トコジラミに食《く》われないようにな。そのベッドには、何千匹《なんぜんびき》ものトコジラミがいるんだから。そうだ、クローゼットにも何《なに》かいるかもな」

そう言《い》って明《あ》かりを消《け》し、グルーは去《さ》っていった。

トコジラミ？　アグネスはおびえた。そんなアグネスを、いちばん端《はし》のベッドにいるマーゴが慰《なぐさ》めた。

「そんなの冗談《じょうだん》よ、アグネス」

アグネスは不安《ふあん》そうに、本《ほん》を抱《だ》きしめたままでいる。そのとき、カチャ！　ドアのあく音《おと》がした。戸口《とぐち》に、手《て》が六本《ろっぽん》ある細長《ほそなが》い影《かげ》が見《み》える。

お化《ば》けだ！　アグネスは心臓《しんぞう》が止《と》まりそうになった。あわてて毛布《もうふ》をかぶる。

それは、ユニコーンのぬいぐるみを買《か》いにいっていた三体《さんたい》のミニオンだった。フィルの肩《かた》にマーク、その肩《かた》にティムがのっていて、細長《ほそなが》い影《かげ》に見《み》えたのだ。

アグネスは毛布《もうふ》からそっと顔《かお》を出《だ》し、様子《ようす》をうかがった。部屋《へや》に入《はい》ると、三体《さんたい》のミニオンはばらばらになった。

トコトコ……フィルがアグネスのベッドに近寄《ちかよ》り、ヌッと何《なに》かを見《み》せた。

「パラリン。パモチャ！」

わあ、ユニコーンだ！

アグネスは飛《と》びおき、フィルの手《て》からユニコーンを受《う》け取《と》った。トイレブラシにユニコーンの目《め》と鼻《はな》をつけ、角《つの》の代《か》わりに金色《きんいろ》の三角帽《さんかくぼう》をのせたものだったが、アグネスには充分《じゅうぶん》だった。

「すごくかわいい」

アグネスはうれしくて、フィルのゴーグルにキスをした。

テへ。フィルは照《て》れて、ほかの二体《にたい》と一緒《いっしょ》にトコトコと部屋《へや》を出《で》ていった。

12

朝《あさ》になった。一体《いったい》のミニオンがフワフワと宙《ちゅう》に浮《う》いている。グルーは玄関《げんかん》から出《で》ると、家《いえ》を振《ふ》り返《かえ》った。

「おーい、三人《さんにん》とも。クッキーを売《う》りにいく時間《じかん》だぞ！」

グルーはワクワクしていた。いよいよ縮《ちぢ》ませ光線銃《こうせんじゅう》をベクターから奪《うば》う計画《けいかく》を実行《じっこう》に移《うつ》す日《ひ》だ。そのために三姉妹《さんしまい》を養護施設《ようごしせつ》から引《ひ》き取《と》ったのだから、しっかり働《はたら》いてもらわないと。

戸口《とぐち》に三姉妹《さんしまい》があらわれた。みなピンクのレオタードに、ひらひらしたチュチュをつけている。トートバッグを肩《かた》にかけたマーゴが言《い》った。

「でも、その前《まえ》にバレエのレッスンに行《い》かないと」

バレエのレッスンだと？　ふざけたことを。グルーはむっとしたが、三姉妹《さんしまい》には快《こころよ》く働《はたら》いてもらわないといけない。努《つと》めてやさしい声《こえ》で言《い》った。

「残念《ざんねん》だけど、今日《きょう》はレッスンはお休《やす》みだ」

「今日《きょう》のレッスンはお休《やす》みできないの。発表会《はっぴょうかい》があるの。わたしたち、『白鳥《はくちょう》の湖《みずうみ》』を踊《おど》るのよ」

マーゴは言《い》い張《は》った。マーゴの横《よこ》で、アグネスがうれしそうに胸《むね》を張《は》った。

「そう、白鳥《はくちょう》だよ！」

「そいつはすばらしい！　でも今日《きょう》はクッキーを売《う》りにいくんだ。さあ出発《しゅっぱつ》！」

そう言《い》うなり、グルーは車《くるま》に向《む》かおうとした。三姉妹《さんしまい》は玄関《げんかん》の戸口《とぐち》に突《つ》っ立《た》ったままだ。

「いや！」

マーゴがきっぱりと告《つ》げた。

「なんだって？　いやだって？」

グルーは足《あし》を止《と》め、マーゴを見《み》た。

「クッキーを売《う》りにいくのは、バレエのレッスンのあとよ！」

マーゴは胸《むね》の前《まえ》で腕《うで》を組《く》んだ。イディスもそれにならった。それを見《み》て、アグネスもあわてて姉《あね》たちの真似《まね》をした。三人《さんにん》とも、意地《いじ》でも動《うご》きそうにない。

「でも、俺《おれ》は車《くるま》で送《おく》ってやらないぞ。だからレッスンに行《い》くなら、教室《きょうしつ》まで自分《じぶん》の足《あし》で歩《ある》いていくんだな」

マーゴが玄関《げんかん》から歩《ある》きだすと、イディス、アグネスもそれに続《つづ》いた。

「何《なに》してる？」

グルーが問《と》いかけると、マーゴはツンと顔《かお》をあげた。

「自分《じぶん》の足《あし》で教室《きょうしつ》まで歩《ある》くの」

「へえ、そうかい。結構《けっこう》」

グルーは腰《こし》に両手《りょうて》を当《あ》てた。

「歩《ある》いていきたかったら、かまわない。俺《おれ》は絶対《ぜったい》に送《おく》ってやらないからな！」

「いいよ」

マーゴは、そっけなく返事《へんじ》をした。ムムッ。グルーは道路《どうろ》に飛《と》びだした。

「俺《おれ》を怒《おこ》らせたら怖《こわ》いんだぞ！　いいか、三《みっ》つまで数《かぞ》えるから、そのあいだに車《くるま》に乗《の》れ！

一《いち》、二《に》……」

結局《けっきょく》、グルーはバレエ教室《きょうしつ》の見学席《けんがくせき》にいた。送《おく》りにきたママたちにはさまれ、大《おお》きな体《からだ》を縮《ちぢ》めていた。膝《ひざ》には三姉妹《さんしまい》のトートバッグを載《の》せている。

クソッ。なんで俺《おれ》がこんなところに……。怒《いか》りがおさまらない。結局《けっきょく》、三姉妹《さんしまい》に負《ま》け、バレエ教室《きょうしつ》まで送《おく》るはめになったのだ。

教室《きょうしつ》に先生《せんせい》の声《こえ》が響《ひび》く。

「はい、脚《あし》をあげて。伸《の》ばして……」

アグネスがツツッと踊《おど》りながら、グルーの前《まえ》に来《き》た。手《て》に何《なに》か持《も》っている。

「これ、あげる」

「なんだ？」

「発表会《はっぴょうかい》のチケット。来《き》てくれるよね？」

ゲッ、バレエの発表会《はっぴょうかい》？　冗談《じょうだん》じゃない。そう思《おも》ったグルーだが、口《くち》からは正反対《せいはんたい》の言《こと》葉《ば》が飛《と》びだした。

「もちろんだとも」

いったい俺《おれ》は何《なに》を言《い》ってるんだ？　アグネスの真剣《しんけん》な瞳《ひとみ》に、ついつい心《こころ》にもないことを言《い》ってしまった。

「いやあ、楽《たの》しみだなあ。ドキドキするよ」

「じゃあ、指切《ゆびき》りゲンマン」

アグネスが右手《みぎて》の小指《こゆび》を差《さ》しだした。グルーはため息《いき》をついた。しかたない。

「よし」

グルーも右手《みぎて》の小指《こゆび》を出《だ》し、アグネスと指切《ゆびき》りをした。

「うわあ！」

アグネスは目《め》をキラキラ輝《かがや》かせ、踊《おど》りながら去《さ》っていった。左右《さゆう》にいたママたちが、いっせいにグルーを見《み》た。いいパパね、と言《い》いたげに。居心地《いごこち》が悪《わる》くて、グルーは穴《あな》があったら入《はい》りたい気分《きぶん》だった。


バレエのレッスンがようやく終《お》わると、グルーは三姉妹《さんしまい》を車《くるま》に乗《の》せ、ベクターの基地《きち》に向《む》かった。いよいよ念願《ねんがん》の計画《けいかく》を実行《じっこう》するときが来《き》た。

やがて戦闘機《せんとうき》のような車《くるま》は、白《しろ》いドーム型《がた》の建物《たてもの》の前《まえ》で停《と》まった。

「いいか、最初《さいしょ》のお客《きゃく》さんは、ベクターっていうやつだ」

「ベクター？　頭文字《かしらもじ》がA《エー》のお客《きゃく》さんから始《はじ》めるのよ」

マーゴが反対《はんたい》した。何事《なにごと》も、きっちりしないと気《き》がすまない性分《しょうぶん》なのだ。

「ああ、わかってる。幼稚園《ようちえん》に通《かよ》ってたんだから、俺《おれ》だってアルファベットくらい知《し》ってる」

グルーは声《こえ》を荒《あら》らげ、マーゴをさえぎった。指《ゆび》でスイッチを押《お》すと、グイーン、車《くるま》のドアがあいた。マーゴが真《ま》っ先《さき》におり、手《て》を貸《か》してアグネスをおろした。最後《さいご》はイディスだ。

「俺《おれ》はただ、ベクターさんにいちばんにクッキーを届《とど》けたらいいんじゃないかと思《おも》ったんだ。それだけだ」

グルーはクッキーの箱《はこ》が山積《やまづ》みになったカートを、地面《じめん》におろした。

「よっしゃ、もうひと息《いき》だ」

自分《じぶん》で自分《じぶん》を励《はげ》まし、車内《しゃない》のコンピューターに向《む》かった。

13

グルーのコンピューターの画面《がめん》に、三人《さんにん》がベクターの基地内《きちない》に入《はい》っていく姿《すがた》が映《うつ》しだされた。よし、第一関門突破《だいいちかんもんとっぱ》だ。グルーは胸《むね》が躍《おど》った。

「やあ、みんな。ベクターの基地《きち》にまた来《き》てくれたんだね！」

いつものジャージ姿《すがた》のベクターは、コーヒーの容器《ようき》を手《て》に、いそいそと三姉妹《さんしまい》を迎《むか》えた。

スーッと基地《きち》のドアが閉《し》まる。


「よーし。クッキー・ロボット起動《きどう》！」

グルーのコンピューターの画面《がめん》に、クッキーが大映《おおうつ》しにされた。


ベクターはクッキーの箱《はこ》を振《ふ》り、中身《なかみ》をガラスのボウルに落《お》とした。マーゴがクリップボードを読《よ》みあげる。

「ミニ・ミントが四箱《よんぱこ》。トフィーが二箱《ふたはこ》。キャラメル・クランピーが二箱《ふたはこ》。それからココナッティが十五箱《じゅうごはこ》」

その横《よこ》で、イディスとアグネスがカートからクッキーの箱《はこ》をおろし、キッチン・カウンターにせっせと積《つ》みあげている。

「そのとおり」

ベクターは、カウンターにもたれた。

「こんなに注文《ちゅうもん》する客《きゃく》、ほかにいないだろ？　ぼくちゃんより頼《たの》むやつがいたら、言《い》ってごらんよ」

そう言《い》って、自慢《じまん》げにカウンターにくっつくほど背中《せなか》をそらせた。マーゴは事務的《じむてき》に口《くち》にした。

「全部《ぜんぶ》で五十二《ごじゅうに》ドルです」

「はいよ」

そのとき、ベクターの背後《はいご》のガラスのボウルに入《はい》っているクッキーのひとつから、にょっきりと四本《よんほん》の脚《あし》が突《つ》きでた。クッキーの表面《ひょうめん》からは目玉《めだま》のついた胴体《どうたい》が伸《の》びて、目玉《めだま》がきょろきょろあたりを見《み》わたした。

「よーし、ターゲットをとらえたぞ！」

コンピューターの画面《がめん》に、基地《きち》の立体図《りったいず》があらわれた。グルーは興奮《こうふん》した。

「七《なな》、八《はち》、九《きゅう》……」

ベクターがお札《さつ》を数《かぞ》えている背後《はいご》では、クッキー・ロボットがつぎつぎとボウルから出《で》て、カウンターをつたいおり、床《ゆか》を這《は》っていった。ベクターは何《なに》も気《き》づかない。

「なんでパジャマ着《き》てるの？」

アグネスが無邪気《むじゃき》に尋《たず》ねた。

「パジャマじゃない！　これはトレーニング・スーツだ！」

ベクターはむっとした顔《かお》ですっくと体《からだ》を伸《の》ばし、胸《むね》を張《は》った。


クッキー・ロボットたちはちょこまか走《はし》りながら、金庫《きんこ》の壁《かべ》に近《ちか》づいた。丸《まる》く大《おお》きな扉《とびら》の横《よこ》に、数字《すうじ》やアルファベットの並《なら》んだキーパッドがある。これで基地内《きちない》の警備《けいび》システムをコントロールするのだ。

五体《ごたい》のクッキー・ロボットがキーパッドに群《むら》がり、つぎつぎとキーを押《お》していった。たちまち、警備《けいび》システムがダウンし、金庫《きんこ》の扉《とびら》があいた。奥《おく》には、縮《ちぢ》ませ光線銃《こうせんじゅう》が大事《だいじ》にしまわれている。

クッキー・ロボットたちは、光線銃目《こうせんじゅうめ》がけて駆《か》けだした。

キッチンでは、ベクターと三姉妹《さんしまい》との会話《かいわ》が続《つづ》いている。

「なんのトレーニングするの？」

「いろいろさ」

イディスの問《と》いかけに、ベクターは答《こた》え、屈伸運動《くっしんうんどう》をした。

「いろいろって？」

今度《こんど》はマーゴが尋《たず》ねた。

「きみたちには理解《りかい》できない、超《ちょう》カッコいいことさ」

「眠《ねむ》るとか？」

アグネスがベクターを見《み》あげた。オタクっぽいベクターとトレーニングとが、どうしても結《むす》びつかない。

「だから、これはパジャマじゃないって！」

ベクターはムキになった。

クッキー・ロボットたちは、金庫《きんこ》の扉《とびら》から侵入《しんにゅう》。壁《かべ》に這《は》いあがると、一部《いちぶ》を四角《しかく》く焼《や》き切《き》った。すると、パカッと四角《しかく》い穴《あな》があいて、

「ハイヤー！」

外《そと》からグルーが穴《あな》に入《はい》ってきた。ミニオンのジェリーとスチュアートを従《したが》えている。金《きん》庫《こ》の床《ゆか》におりたつと、グルーは空手《からて》のポーズをした。ミニオンたちもそれにならう。

「はい、これ代金《だいきん》。五十二《ごじゅうに》ドルね。ご苦労《くろう》さん」

ベクターはクッキーのお金《かね》を払《はら》い、三人《さんにん》を玄関《げんかん》まで送《おく》っていこうとした。

金庫《きんこ》では、ミニオン二体《にたい》が縮《ちぢ》ませ光線銃《こうせんじゅう》の入《はい》ったガラスの筒《つつ》を両脇《りょうわき》から抱《かか》え、壁《かべ》の穴《あな》に向《む》かった。と、バタン！　穴《あな》が閉《と》じてしまった。あせったグルーは、壁《かべ》の穴《あな》の部分《ぶぶん》を押《お》してみたが、びくともしない。

「しまった！」

どうしよう？　グルーが脱出《だっしゅつ》する手段《しゅだん》を考《かんが》えていると、スチュアートがパニックに駆《か》られ、

「アワワ」

ガラスの筒《つつ》から手《て》を離《はな》し、金庫《きんこ》の中《なか》を走《はし》りまわった。グルーはスチュアートを抱《だ》きよせ、頭《あたま》を撫《な》でてやった。とにかく、落《お》ち着《つ》かなくては。

14

「じゃあね～」
ベクターは三姉妹《さんしまい》のうしろ姿《すがた》に手《て》を振《ふ》り、クッキーを食《た》べた。
「うん？」

クッキーからパチパチ火花《ひばな》が散《ち》った。気《き》のせいか。ベクターはそのまま、スタスタと基《き》地《ち》の中《なか》に戻《もど》った。

壁《かべ》から逃《に》げられなくなったグルーは、しかたなく金庫《きんこ》の扉《とびら》から廊下《ろうか》に出《で》た。スチュアートとジェリーがガラスの筒《つつ》を抱《かか》え、あとに続《つづ》く。左右《さゆう》を見《み》わたし、よし今《いま》だ！　出口《でぐち》に向《む》かおうとしたグルーは、はっとして足《あし》を止《と》めた。

廊下《ろうか》をベクターが歩《ある》いていたのだ。ベクターは何気《なにげ》なく、金庫《きんこ》のあるほうを見《み》やった。大丈夫《だいじょうぶ》。扉《とびら》はちゃんと閉《し》まっている。安心《あんしん》して、ベクターはそのまま歩《ある》いていった。

グルーたちは、近《ちか》くの壁《かべ》の通風孔《つうふうこう》の中《なか》に隠《かく》れていた。ジェリーがスチュアートの体《からだ》を揺《ゆ》すると、スチュアートが光《ひか》った。

ベクターの足音《あしおと》が遠《とお》ざかると、グルーはガラスの筒《つつ》とジェリーを抱《かか》え、真《ま》っ暗《くら》な通風孔《つうふうこう》の中《なか》を走《はし》っていった。前方《ぜんぽう》に光《ひかり》が見《み》える。出口《でぐち》にちがいない。

もう少《すこ》しで出口《でぐち》、というところで、スポッ！　グルーは通路《つうろ》の穴《あな》から落《お》ちてしまった。

「アアッ！」

グルーは声《こえ》にならない叫《さけ》び声《ごえ》をあげ、とっさに両脚《りょうあし》で縮《ちぢ》ませ光線銃《こうせんじゅう》の入《はい》っている筒《つつ》をはさんだ。穴《あな》から逆《さか》さになったジェリーが両手《りょうて》でグルーの手《て》をつかみ、スチュアートがジェリーのオーバーオールを引《ひ》っ張《ぱ》る。

そこはリビングの天井《てんじょう》にあいた穴《あな》で、真下《ました》ではベクターが半円形《はんえんけい》のソファでテレビを見《み》ている。床《ゆか》はガラス張《ば》りで、下《した》は水槽《すいそう》になっていて、サメが泳《およ》いでいるではないか。落《お》ちたら、サメの餌食《えじき》になっちまう！　せっかくここまで、うまくいったのに！　グルーは筒《つつ》をはさんだ両脚《りょうあし》をヨッコラショと持《も》ちあげようとした。

ジェリーの両腕《りょううで》にぶら下《さ》がったまま、グルーは一回転《いっかいてん》して体勢《たいせい》を整《ととの》えた。さいわいなことに、筒《つつ》はまだ両脚《りょうあし》のあいだにある。が、ズルズルとずり落《お》ちだした！

ジェリーにつかまれていた両手《りょうて》を離《はな》し、グルーはさっと筒《つつ》をつかんだ。

グルーが落《お》っこちたらたいへん！　ジェリーはグルーのズボンの裾《すそ》を急《いそ》いでつかんだ。ズボンがズルズルと脱《ぬ》げてきて、グルーの穿《は》いたスマイルマークのパンツが丸《まる》だしになった。さらにズボンが脱《ぬ》げ、かろうじて足首《あしくび》に引《ひ》っかかっているだけになった。

「ヌオー」

グルーは心《こころ》の中《なか》でうめいた。

ソファの下《した》を泳《およ》いでいるサメが大《おお》きな口《くち》をあけ、水槽《すいそう》の中《なか》で飛《と》びはねた。ベクターは大《おお》きな紙《かみ》カップに入《はい》ったポップコーンを、ムシャムシャ食《た》べている。

グルーの手《て》からぶら下《さ》がっている筒《つつ》が、ベクターの頭《あたま》にぶつかりそうになる……！　と、ベクターは床《ゆか》の水槽《すいそう》をのぞこうと、ひょいと体《からだ》を前《まえ》にかがめた。危《あぶ》ないところで、筒《つつ》は直《ちょく》撃《げき》せずにすんだ。

ふたたびサメがグルーに大口《おおぐち》をあけ、飛《と》びあがった。ドスッドスッ、サメが床《ゆか》のガラスに体当《たいあ》たりする。

「静《しず》かにしろ！」

ベクターは床《ゆか》を踏《ふ》みならし、サメを叱《しか》った。

天井《てんじょう》の穴《あな》の縁《ふち》をつかんでいるスチュアートの手《て》が、限界《げんかい》になった。ツルッ、手《て》がすべり、

「ウワア！」

そのままジェリー、グルーもソファのうしろに落《お》ちた。同時《どうじ》にサメの体当《たいあ》たりの振動《しんどう》で、ベクターの体《からだ》は前《まえ》に倒《たお》れ、ポップコーンの紙《かみ》カップに頭《あたま》から突《つ》っこんだ。

グルーと二体《にたい》のミニオンはおそるおそるソファの背《せ》から顔《かお》を出《だ》し、様子《ようす》をうかがった。大丈夫《だいじょうぶ》。ベクターはまだ紙《かみ》カップを頭《あたま》からかぶったままだ。グルーたちは、そっとソファから離《はな》れた。

脱《ぬ》げたズボンを手《て》に持《も》ち、パンツ丸出《まるだ》しのまま、グルーは階段《かいだん》を駆《か》けおりた。そのあとを、ミニオンたちも追《お》いかける。筒《つつ》を横《よこ》に倒《たお》し、ジェリーが前《まえ》、スチュアートがうしろで筒《つつ》を運《はこ》んでいる。

警備《けいび》システムがダウンしているため、グルーたちは難《なん》なく基地《きち》の玄関《げんかん》から出《で》られた。

「ンンン……エイッ！」

ようやくベクターは紙《かみ》カップを頭《あたま》から引《ひ》っこ抜《ぬ》いた。眼鏡《めがね》にはポップコーンがびっしりくっついている。

基地《きち》の外《そと》ではマーゴ、イディス、アグネスの三人《さんにん》が手《て》をつないで待《ま》っていた。パンツ姿《すがた》のグルーが駆《か》けてくるのを見《み》て、三人《さんにん》とも目《め》をパチクリさせている。

「やったあ、大成功《だいせいこう》だ！」

グルーは高々《たかだか》と腕《うで》を突《つ》きあげると、停《と》めてあった愛車《あいしゃ》に乗《の》りこんだ。さあ、研究室《けんきゅうしつ》に帰《かえ》るぞ。

黒《くろ》い煙《けむり》を噴《ふ》きだしながら、グルーの車《くるま》は突《つ》っ走《ぱし》っていく。運転席《うんてんせき》のうしろから、マーゴが責《せ》めるように言《い》った。

「ほかのお客《きゃく》さんにも、クッキーを届《とど》けなきゃ」

「人生《じんせい》には、思《おも》いどおりにいかないことがたくさんある。まあ、人《ひと》によるけど」

ハンドルを握《にぎ》りながら、グルーは答《こた》えた。作戦《さくせん》がうまくいって縮《ちぢ》ませ光線銃《こうせんじゅう》を奪《うば》えたため、上機嫌《じょうきげん》だ。そのとき、窓《まど》の外《そと》を見《み》ていたアグネスが、いきなり大声《おおごえ》で叫《さけ》んだ。

「キャア！」

その声《こえ》にびっくりして、グルーはハンドルから手《て》を離《はな》した。

ブッブー！　対向車《たいこうしゃ》がクラクションを鳴《な》らす。間一髪《かんいっぱつ》。グルーは急《きゅう》ハンドルを切《き》り、危《あや》ういところで対向車《たいこうしゃ》と衝突《しょうとつ》しないですんだ。しかしその拍子《ひょうし》にガードレールに腰《こし》かけていた釣《つ》り人《びと》が海《うみ》に落《お》ちてしまった。

「いきなり大声出《おおごえだ》すな！」

グルーは叱《しか》った。ふうっ、まったく子《こ》どもってやつは。ヒヤヒヤさせてくれる。

アグネスが運転席《うんてんせき》に身《み》を乗《の》りだし、前方《ぜんぽう》を指《ゆび》さした。観覧車《かんらんしゃ》など、さまざまなアトラクションが見《み》える。

「遊園地《ゆうえんち》だよ。ねえ、連《つ》れてって！」

アグネスはせがんだ。マーゴもイディスも、顔《かお》を輝《かがや》かせている。

「だめだ」

グルーはそっけなく答《こた》えた。これから縮《ちぢ》ませ光線銃《こうせんじゅう》を持《も》って研究室《けんきゅうしつ》に戻《もど》るのだ。遊園地《ゆうえんち》になんか行《い》っている暇《ひま》はない。子《こ》どものわがままに付《つ》き合《あ》う気《き》はなかった。

「あたしたち、一度《いちど》も遊園地《ゆうえんち》に行《い》ったことないんだもん」

イディスが訴《うった》えた。

「知《し》るか。そんなこと俺《おれ》に関係《かんけい》ない」

「お願《ねが》い。遊園地《ゆうえんち》に連《つ》れてってくれたら、もうおねだりしない」

マーゴが言《い》うと、イディスとアグネスが、

「お願《ねが》い」

「お願《ねが》い」

と、声《こえ》を合《あ》わせて言《い》った。

ああ、うるさいな。こうなったら、遊園地《ゆうえんち》でこの三人《さんにん》を捨《す》ててしまおうか。縮《ちぢ》ませ光線《こうせん》銃《じゅう》も手《て》に入《い》れたことだし、もうこいつらに用《よう》はない。

ふとそんな考《かんが》えが、グルーの頭《あたま》をよぎった。

「お願《ねが》い」

「お願《ねが》い」

「お願《ねが》い」

三姉妹《さんしまい》のおねだりは続《つづ》く。グルーは心《こころ》を決《き》めた。よし、実行《じっこう》だ。

15

数分後《すうふんご》、グルー一行《いっこう》は遊園地《ゆうえんち》にいた。

「わーい！」

三姉妹《さんしまい》は歓声《かんせい》をあげ、ジェットコースターに駆《か》けよった。

「よーし、楽《たの》しんでこいよ」

そう言《い》うなり、グルーはくるりと背《せ》を向《む》け、出口《でぐち》に向《む》かった。このまま三人《さんにん》を置《お》きざりにして帰《かえ》るつもりだ。その肩《かた》を遊園地《ゆうえんち》の係員《かかりいん》がつかんだ。

「すみません。大人《おとな》の付《つ》き添《そ》いがないと、子《こ》どもだけじゃ乗《の》れないんです」

なんだと？　グルーはがっかりして、ため息《いき》をついた。しょうがない。ジェットコースターだけ、付《つ》き合《あ》ってやるとするか。

グルーはむっつりとした顔《かお》で、ジェットコースターに乗《の》りこんだ。

ガタガタ揺《ゆ》れながら、車体《しゃたい》は急《きゅう》こう配《ばい》のレールをのぼっていき、やがて頂点《ちょうてん》に差《さ》しかかった。

「ウワーイ」

三姉妹《さんしまい》は大《おお》はしゃぎだ。グイーン。車体《しゃたい》が急降下《きゅうこうか》していく。マーゴとイディス、アグネスは大喜《おおよろこ》びで、両手《りょうて》をあげている。

「ヒエ〜！」

三姉妹《さんしまい》のうしろの座席《ざせき》で、グルーは絶叫《ぜっきょう》した。車体《しゃたい》は斜《なな》めに傾《かたむ》き、また急角度《きゅうかくど》のレールをのぼっていく。ゲッ、勘弁《かんべん》してくれ。グルーはうんざりした。できるなら、今《いま》すぐ車体《しゃたい》からおりてしまいたい。

ようやく終点《しゅうてん》に着《つ》いた。マーゴはアグネスを抱《だ》いておりた。うしろの座席《ざせき》では、グルーがげっそりした顔《かお》をしている。

ウッ、吐《は》きそうだ。グルーは手《て》で口《くち》を押《お》さえ、やっとのことでヨロヨロと車体《しゃたい》からおりた。

ふと見《み》ると、近《ちか》くのスタンドに、ジェットコースターに乗《の》っているときの三姉妹《さんしまい》とグルーの写真《しゃしん》が飾《かざ》られている。目《め》をキラキラさせて大喜《おおよろこ》びしている三人《さんにん》のうしろで、グルーが恐怖《きょうふ》にひきつった顔《かお》をしている。

遊園地《ゆうえんち》なんて、もううんざりだ。グルーはため息《いき》をついた。

「ウワー、見《み》て見《み》て！」

どこからか、アグネスの興奮《こうふん》した声《こえ》がする。グルーはそちらに目《め》をやった。

「フワフワのユニコーンだよ！」

ゲームコーナーにあるぬいぐるみを見《み》て、アグネスはピョンピョン跳《は》ねている。

「あれが取《と》れたら、死《し》んでもいい！」

イディスはグルーに駆《か》けよると手《て》を引《ひ》っ張《ぱ》り、ゲームコーナーに連《つ》れていこうとした。

かわいい妹《いもうと》に代《か》わって、マーゴがグルーに頼《たの》んだ。

「お願《ねが》い。挑戦《ちょうせん》させて」

「だめだ！　だめだめ！」

グルーは頑《がん》として言《い》い張《は》った。まったく、こいつらどこまで厚《あつ》かましいんだ？

「お願《ねが》い！」

アグネスがおねだりする。しかたない。グルーは、またしてもため息《いき》をついた。

「あのユニコーンはいくらだ？」

係《かかり》の男《おとこ》は、首《くび》を横《よこ》に振《ふ》った。

「これは売《う》り物《もの》じゃなくて、ゲームの景品《けいひん》なんです。あの宇宙船《うちゅうせん》を倒《たお》せたら、あげますよ」

男《おとこ》は、ゲームコーナーの奥《おく》に浮《う》かんでいる宇宙船《うちゅうせん》を指《ゆび》さした。台《だい》の上《うえ》にある銃《じゅう》で倒《たお》すらしい。グルーはしぶしぶゲーム代《だい》を男《おとこ》にわたした。

「イエーイ！」

三姉妹《さんしまい》は勇《いさ》んで、それぞれ銃《じゅう》に飛《と》びついた。ポーン！　銃口《じゅうこう》からつぎつぎボールが飛《と》びだす。が、どれも宇宙船《うちゅうせん》にかすりもしない。あっという間《ま》にゲームは終《お》わってしまった。

「もうおしまいになっちゃった」

マーゴが、がっかりした顔《かお》になった。

「もう一回《いっかい》」

アグネスがせがんだ。

「お願《ねが》い、もう一回《いっかい》だけ」

イディスもグルーに頼《たの》んだ。

「今《いま》、うっかり目《め》つぶっちゃったんだ」

アグネスはグルーを見《み》あげた。チェッ、しょうがない。グルーは係《かかり》の男《おとこ》に、ゲーム代《だい》をわたした。

三姉妹《さんしまい》はまたも銃《じゅう》をかまえた。ポーンポーン、ボールが飛《と》びだす。

よーし、今度《こんど》こそ。アグネスの発射《はっしゃ》したボールが、なんと宇宙船《うちゅうせん》に命中《めいちゅう》！

「やったあ！」

三人《さんにん》は大喜《おおよろこ》びだ。けれど、係《かかり》の男《おとこ》はすげなく言《い》った。

「きみらの負《ま》け」

「そんなあ！」

アグネスはうなだれた。せっかく当《あ》てたのに。

「おいおい、どういうことだ？」

グルーは男《おとこ》に詰《つ》めよった。

「たしかに宇宙船《うちゅうせん》に当《あ》たったじゃないか。この目《め》でちゃんと見《み》たぞ！」

「あんたさあ、説明《せつめい》されないとわからない？」

係《かかり》の男《おとこ》は、バカにした様子《ようす》で、グルーの肩《かた》に手《て》をかけた。

「ボールが当《あ》たっただけじゃ、だめなの。宇宙船《うちゅうせん》が倒《たお》れないと、景品《けいひん》はあげられない」

そう言《い》い、男《おとこ》はグルーの胸《むね》を指《ゆび》で突《つ》いた。グルーの顔《かお》が、たちまち険《けわ》しくなる。

「おっと、怖《こわ》い顔《かお》したってだめだよ。次《つぎ》また頑張《がんば》って」

男《おとこ》は諭《さと》すような口調《くちょう》で、アグネスの顔《かお》を見《み》た。アグネスは、今《いま》にも泣《な》きだしそうだ。それを見《み》て、グルーの闘志《とうし》に火《ひ》がついた。

「わかった。今度《こんど》は俺《おれ》がやる」

グルーは男《おとこ》に三度目《さんどめ》のゲーム代《だい》をわたすと、ゲーム台《だい》に近《ちか》づいた。ちらりとうしろを見《み》やり、係《かかり》の男《おとこ》がこちらを見《み》ていないことをたしかめた。

よし！　目《め》にもとまらぬ早業《はやわざ》で、上着《うわぎ》の内《うち》ポケットから愛用《あいよう》の武器《ぶき》を取《と》りだすと、宇宙《うちゅう》船《せん》に照準《しょうじゅん》を合《あ》わせた。武器《ぶき》の周囲《しゅうい》から、ニュッと六《むっ》つの銃口《じゅうこう》があらわれる。

発射《はっしゃ》！　グルーが引《ひ》き金《がね》を引《ひ》くと、銃口《じゅうこう》から光線《こうせん》が飛《と》びだし、ゲーム台《だい》は黒《くろ》こげになった。もちろん、宇宙船《うちゅうせん》も。

「どうだ！　倒《たお》したぞ！」

グルーは胸《むね》を張《は》った。


「ふっかふかだよ」

アグネスはユニコーンのぬいぐるみを抱《だ》いて、踊《おど》るような足取《あしど》りで歩《ある》いている。

「最高《さいこう》だったわ！」

先《さき》を行《い》くマーゴが、うれしそうにグルーを振《ふ》り返《かえ》った。

「全部《ぜんぶ》ぶっとばしたもんね！」

イディスも、すっきりした顔《かお》をしている。

「次《つぎ》のゲーム、やりにいこう！」

アグネスは走《はし》りだした。子《こ》どもたちのはしゃぐ様子《ようす》を見《み》て、グルーは自分《じぶん》でも知《し》らないうちに微笑《ほほえ》んでいた。

16

「ハッハッハ！」

グルーは楽《たの》しそうに笑《わら》いながら、家《いえ》の玄関《げんかん》のドアをあけた。手《て》にはわたあめを持《も》っている。

「ヒャッホー！」

三姉妹《さんしまい》も歓声《かんせい》をあげて、家《いえ》に飛《と》びこんだ。みんな満《み》ち足《た》りた顔《かお》をしている。生《う》まれて初《はじ》めての遊園地《ゆうえんち》で、思《おも》い切《き》り遊《あそ》んだからだ。

遊園地《ゆうえんち》で三姉妹《さんしまい》を捨《す》てるどころか、グルーも童心《どうしん》に返《かえ》って、すっかり楽《たの》しんでいた。いやあ、遊園地《ゆうえんち》も捨《す》てたもんじゃないな。

家《いえ》では、ネファリオ博士《はかせ》が待《ま》っていた。むっつりとした顔《かお》をし、背中《せなか》で手《て》を組《く》んでいる。

「グルー、ちょっといいかな？」

言《い》いたくてたまらないことが、あるようだ。長年《ながねん》の相棒《あいぼう》であるグルーには、ピンときた。

「みんな、あっちで遊《あそ》んでおいで」

三姉妹《さんしまい》を追《お》いはらうと、グルーは博士《はかせ》と向《む》かい合《あ》った。グルーの顔《かお》に猫《ねこ》のペインティングが施《ほどこ》されているのを見《み》て、ゴーグルの奥《おく》の博士《はかせ》の目《め》が険《けわ》しくなる。

まずは、博士《はかせ》の機嫌《きげん》を取《と》らないと。グルーはわざと陽気《ようき》な声《こえ》をあげた。

「縮《ちぢ》ませ光線銃《こうせんじゅう》ゲット」

その報告《ほうこく》にも、博士《はかせ》はニコリともしない。

「わたあめもゲット」

グルーは博士《はかせ》にわたあめを差《さ》しだした。今度《こんど》も、博士《はかせ》は硬《かた》い表情《ひょうじょう》をくずさなかった。

「月《つき》が最適《さいてき》の位置《いち》に移動《いどう》するまで、あと十二日《じゅうににち》だ。子《こ》どもたちと遊《あそ》んでいる場合《ばあい》か！」

博士《はかせ》は声《こえ》を荒《あら》らげた。

あと十二日《じゅうににち》……それまでにロケットを完成《かんせい》させなくてはいけない。グルーはあせった。

「よし、パーキンスに電話《でんわ》する」

悪党銀行《あくとうぎんこう》のパーキンスの協力《きょうりょく》がなくては、ロケットは作《つく》れない。グルーは真顔《まがお》に戻《もど》った。


リビングにあるテレビのリモコンを押《お》すと、大画面《だいがめん》にパーキンスの顔《かお》が映《うつ》しだされた。

これからテレビ電話《でんわ》で会議《かいぎ》だ。ミニオンのジェリーとケビンが、ホワイトボードをエッチラオッチラ運《はこ》んできた。ボードには紙《かみ》が何枚《なんまい》も、マグネットクリップではさんである。

「お忙《いそが》しいところ、申《もう》し訳《わけ》ない、パーキンスさん」

グルーは画面《がめん》に向《む》かって話《はな》した。

「これをご覧《らん》いただきたいと思《おも》いまして」

グルーは縮《ちぢ》ませ光線銃《こうせんじゅう》を胸《むね》の前《まえ》でかまえた。それを見《み》たパーキンスは、顔《かお》をしかめた。

「なんだ、それは？」

グルーは得意満面《とくいまんめん》で、光線銃《こうせんじゅう》をソファの背《せ》に立《た》っているジェリーとケビンに向《む》けた。銃《じゅう》口《こう》から光線《こうせん》が飛《と》びだす。ジェリーは危険《きけん》を察《さっ》してソファの背《せ》から飛《と》びおりた。とり残《のこ》されたケビンは、もろに光線《こうせん》を浴《あ》びた。

「ウワア！」

ケビンは宙《ちゅう》に吹《ふ》きとばされ、ソファの背《せ》に落《お》ちた。背《せ》のうしろから、ジェリーがぬっと顔《かお》を出《だ》した。ジェリーに指《ゆび》ではじかれ、小《ちい》さくなったケビンは、すっとんでいった。

その体《からだ》をグルーがキャッチ。親指《おやゆび》と人差《ひとさ》し指《ゆび》でつまんで、大画面《だいがめん》の向《む》こうにいるパーキンスに見《み》せた。

「いいぞ、グルー。よくやった」

気《き》をよくしたグルーは、ホワイトボードにはさんである一枚目《いちまいめ》の用紙《ようし》を示《しめ》した。

地球《ちきゅう》から月《つき》までのロケットの軌道《きどう》が記《しる》されている。

「残《のこ》りの計画《けいかく》は単純《たんじゅん》です」

グルーは説明《せつめい》した。

「俺《おれ》が月《つき》に飛《と》び、月《つき》を縮《ちぢ》ませ……」

ホワイトボードの紙《かみ》をめくっていくと、トイレに腰《こし》かけているグルーの絵《え》があらわれた。

「月《つき》を奪《うば》い、トイレの便座《べんざ》に座《すわ》り……なんだ、こりゃ？」

「キャハハハ」

リビングの戸口《とぐち》から、三姉妹《さんしまい》の笑《わら》い声《ごえ》が聞《き》こえた。クッソウ、あいつらのしわざか。グルーはあわててホワイトボードの前《まえ》に立《た》ち、絵《え》を隠《かく》した。

「すみません。ちょっと待《ま》っててください」

画面越《がめんご》しにパーキンスに声《こえ》をかけ、リビングの戸口《とぐち》に急《いそ》いだ。

「俺《おれ》のものにさわるなって言《い》っただろ！」

グルーは、イディスとアグネスの尻《しり》を叩《たた》いた。横《よこ》では、ミニオンのジェリーがケラケラ笑《わら》っている。その手《て》には、縮《ちぢ》んだケビンがのっている。

「キャッ、キャッ」

アグネスはグルーにかまわれて、はしゃいだ。マーゴが真面目《まじめ》な顔《かお》で尋《たず》ねた。

「ピザを頼《たの》んでもいい？」

「ピザ？　食《く》ったばっかりじゃないか！」

「今《いま》じゃなく、ディナーに」

イディスがマーゴの代《か》わりに答《こた》えた。

「ディナー？」

グルーは鼻《はな》の付《つ》け根《ね》を指《ゆび》でつまんだ。

「わかった、わかった。好《す》きにしていいから、邪魔《じゃま》しないでくれ」

そう言《い》ってリビングに戻《もど》ろうとすると、マーゴが声《こえ》をかけた。

「チーズ入《い》りの生地《きじ》にしていい？」

「ワーオ、チーズ入《い》り！」

イディスとアグネス、ミニオンのジェリーと小《ちい》さくなったケビンがうっとりと声《こえ》をそろえた。

「おまえらみんな、生地《きじ》に練《ね》りこむぞ！」

グルーが声《こえ》を荒《あら》らげると、アグネスはクスクス笑《わら》った。

「おもしろーい」

「いいから、こっちには入《はい》ってくるな！」

グルーはリビングに入《はい》ると、中《なか》からバタンとドアを閉《し》めた。

「失礼《しつれい》しました、パーキンスさん」

ふたたび、テレビ電話《でんわ》で話《はなし》を続《つづ》けようとした。

「えーと、どこまで話《はな》しましたっけ？」

グルーが考《かんが》えていると、

「君《きみ》がトイレの便座《べんざ》に腰《こし》かけているところまでだ」

パーキンスが冷《ひ》ややかに言《い》った。

「いやいやいや」

グルーはあわてて、顔《かお》の前《まえ》で手《て》を振《ふ》った。

「あれはほんの冗談《じょうだん》で。パーキンスさんはユーモアのあるお方《かた》だから」

パーキンスのむっつりとした顔《かお》が、画面《がめん》に大映《おおうつ》しになった。グルーはなんとか、パーキンスに機嫌《きげん》を直《なお》してもらおうとした。

「つまり……そのう……」

必死《ひっし》に言葉《ことば》を探《さが》していると、キキーッ！　リビングのドアがあく音《おと》がする。あいつら、また邪魔《じゃま》しにきたのか？　グルーはドアのほうを見《み》やった。

「グルー、仕事《しごと》の話《はなし》に集中《しゅうちゅう》しろ」

テレビの画面《がめん》から、パーキンスの苦々《にがにが》しい声《こえ》が聞《き》こえる。

「いえ、もちろん集中《しゅうちゅう》してます。ただ……」

グルーはなおも、キョロキョロしている。と、イディスがテレビの前《まえ》に立《た》ち、はしゃいだ。

「ヤッホー！」

テレビの画面《がめん》に映《うつ》しだされているパーキンスを見《み》て、イディスは言《い》った。

「おっきな人《ひと》」

いつの間《ま》にか、テレビの前《まえ》にはマーゴやアグネス、ミニオンのジェリーたちもそろっている。

「何《なに》してるんだ？」

グルーは怒鳴《どな》った。

「リビングに来《く》るなと言《い》っただろ！」

みんなは、さっとドアから出《で》ていった。そのあとをグルーは追《お》いかけた。と、ふたたびドアがあき、アグネスとイディスがあらわれた。フリーズ銃《じゅう》をふたりで抱《かか》えている。その光線《こうせん》を浴《あ》びたら、たちまち凍《こお》りついてしまう。

「うー。よせ、よせ。やめろって」

グルーはあとずさった。その一部始終《いちぶしじゅう》を見《み》ていたパーキンスが、冷《ひ》ややかな声《こえ》で、ひとこと告《つ》げた。

「ミスター・グルー」

フリーズ銃《じゅう》の光線《こうせん》を浴《あ》びて凍《こお》りついたグルーは、ヨタヨタとテレビの前《まえ》まで歩《ある》いた。

「うう、冷《つめ》たい。寒《さむ》い」

と、うめきながら。そこで、ハッと気《き》づいた。いけない！　パーキンスのことを忘《わす》れていた！

「……ええと、先《さき》ほど言《い》ったとおり――」

話《はなし》の続《つづ》きをしようとすると、パーキンスにさえぎられた。

「話《はなし》は結構《けっこう》だ。もう充分《じゅうぶん》だ」

「でも、計画《けいかく》は……」

グルーはテレビに近《ちか》づいた。

「いい計画《けいかく》だ。実《じつ》にすばらしいと思《おも》う。君《きみ》の存在《そんざい》をのぞけば、の話《はなし》だが」

ガーン！　それを聞《き》いて、グルーは文字《もじ》どおり凍《こお》りついた。

幼《おさな》いころのある場面《ばめん》がよみがえる。

人類初《じんるいはつ》の月面着陸《げつめんちゃくりく》に感動《かんどう》したグルーは、段《だん》ボール箱《ばこ》で宇宙服《うちゅうふく》のヘルメットを作《つく》ることを思《おも》いついた。箱《はこ》の表面《ひょうめん》を丸《まる》く切《き》り取《と》って、それをかぶった。丸《まる》い穴《あな》からグルーの顔《かお》がのぞく。

「ママ、ほら見《み》て！　ぼくが月《つき》におりた絵《え》を描《か》いたよ！」

グルーは得意《とくい》げに母親《ははおや》に絵《え》を見《み》せた。が、庭《にわ》の花壇《かだん》にホースで水《みず》を撒《ま》いていた母親《ははおや》は、そっけなかった。振《ふ》り向《む》いて絵《え》を見《み》ようともせず。ただひとこと、

「へえ」

と言《い》っただけだった。

なんとかして母親《ははおや》の気《き》を引《ひ》きたいグルーは、今度《こんど》はマカロニでロケットを作《つく》った。

「ママ、見《み》て。マカロニのロケットだよ」

安楽椅子《あんらくいす》に座《すわ》って本《ほん》を読《よ》んでいた母親《ははおや》は、ちらりと見《み》ただけで、

「へえ」

と、またしてもそれだけ言《い》った。

よーし、今度《こんど》は本物《ほんもの》のロケットでママをびっくりさせてやる。グルーはなんとか工夫《くふう》して、金属《きんぞく》で小型《こがた》のロケットをこしらえた。

「ママ、見《み》て。マカロニじゃなくて、本物《ほんもの》のロケットだよ」

グルーがリモコンを操作《そうさ》すると、ロケットは空《そら》に飛《と》んでいった。ビーチパラソルの下《した》でデッキチェアに座《すわ》っていた母親《ははおや》は、眉《まゆ》ひとつ動《うご》かさず、

「へえ」

ただそれだけだった。


パーキンスとテレビ電話《でんわ》で話《はな》しながら、グルーの胸《むね》にあの幼《おさな》い日《ひ》のさびしさがよみがえってきた。

フリーズ銃《じゅう》の光線《こうせん》を浴《あ》びて氷《こおり》に包《つつ》まれていたグルーは、パーキンスの言葉《ことば》にショックを

受《う》けてひっくり返《かえ》った。その拍子《ひょうし》に氷《こおり》が砕《くだ》け、グルーの体《からだ》は自由《じゆう》になった。

俺《おれ》は今《いま》、パーキンスに必要《ひつよう》ないと言《い》われたのか？

テレビの画面《がめん》では、パーキンスがデスクの上《うえ》で両手《りょうて》を組《く》んで、おもむろに告《つ》げた。

「グルー、現実《げんじつ》を見《み》ろ。君《きみ》は長《なが》いことこの仕事《しごと》をしてきたが、ほとんど成功《せいこう》したことはない。これからは、もっと若《わか》い悪党《あくとう》に投資《とうし》することに決《き》めた」

「そんな……」

グルーが反論《はんろん》しようとすると、パーキンスはリンゴを握《にぎ》りつぶし、

「じゃあな、あばよグルー」

ブチッ。画面《がめん》が真《ま》っ暗《くら》になった。

17

パーキンスに見放《みはな》され、がっくりしたグルーは、トボトボと地下《ちか》の研究室《けんきゅうしつ》に向《む》かった。

あ〜あ、みんなに合《あ》わす顔《かお》がない……。

「ハッ」

「ホッ」

研究室《けんきゅうしつ》の中央《ちゅうおう》では、三体《さんたい》のミニオンが、一対二《いったいに》で卓球《たっきゅう》をしていた。卓球台《たっきゅうだい》の周囲《しゅうい》を大勢《おおぜい》のミニオンが囲《かこ》んでいて、ゲームを応援《おうえん》している。グルーが入《はい》ってきたことに気《き》づくと、ミニオンたちはさっと動《うご》きを止《と》めた。

「ハア」

グルーはため息《いき》をついた。

何《なに》かあったのかな？　ミニオンたちは心配《しんぱい》そうにグルーを見《み》つめ、取《と》りかこんだ。

「みんな」

グルーは重《おも》い口《くち》を開《ひら》いた。

「銀行《ぎんこう》がもう俺《おれ》らに金《かね》を貸《か》してくれないって噂《うわさ》が流《なが》れてると思《おも》う。俺《おれ》はその噂《うわさ》の白黒《しろくろ》をはっきりさせにきた……噂《うわさ》はほんとだ」

シーン。ミニオンたちはびっくりして息《いき》を呑《の》んだ。ネファリオ博士《はかせ》も言葉《ことば》がないようだ。ドアの陰《かげ》では、三姉妹《さんしまい》が、心配《しんぱい》そうに成《な》り行《ゆ》きを見守《みまも》っている。

グルーは続《つづ》けた。

「金《かね》に関《かん》しては、すっからかんだ。だったら、どうやって月《つき》に行《い》ったらいい？　答《こた》えは簡《かん》単《たん》だ。月《つき》には行《い》けない」

「オオー……」

ミニオンたちの口《くち》から、がっかりした声《こえ》が出《で》た。泣《な》きだすミニオンもいる。

「俺《おれ》らはもうおしまいだ。こうなったら、ほかの仕事《しごと》を探《さが》したほうがいいかもな」

ほかの仕事《しごと》？　そんな！　ミニオンたちのあいだにざわめきが広《ひろ》がる。

「俺《おれ》も履歴書《りれきしょ》を書《か》いたところだ。みんなもそうしたほうが、いいんじゃないか？」

アグネスが、グルーの袖《そで》を引《ひ》っ張《ぱ》った。

「なんだ？　大事《だいじ》な話《はなし》をしてるのが、わからないのか？」

アグネスは無言《むごん》で、ブタの貯金箱《ちょきんばこ》を差《さ》しだした。うしろには、マーゴとイディスもいる。

これを俺《おれ》に？　グルーは大事《だいじ》そうに、貯金箱《ちょきんばこ》を胸《むね》に抱《だ》いた。振《ふ》ってみると、コインが数《すう》枚出《まいで》てきた。グルーは胸《むね》が熱《あつ》くなった。金額《きんがく》ではなく、その心《こころ》づかいがうれしかったのだ。

「ヘイヘイ、ボス」

振《ふ》り向《む》くと、ミニオンの一体《いったい》が紙幣《しへい》をひらひらさせている。

「フッフ～」

別《べつ》のミニオンも、紙幣《しへい》を頭《あたま》の上《うえ》に掲《かか》げている。財布《さいふ》や腕時計《うでどけい》を振《ふ》るものもいる。

みんな……グルーの胸《むね》に勇気《ゆうき》がわいてきた。俺《おれ》には仲間《なかま》がいる。こいつらのためにも頑《がん》張《ば》らないと！　くじけてなんか、いられるか。

「よっしゃあ！」

グルーは左手《ひだりて》の拳《こぶし》を突《つ》きあげた。

「やるぞ！　ロケットを作《つく》ってみせる！　この金《かね》で」

右手《みぎて》に持《も》ったブタの貯金箱《ちょきんばこ》を愛《いと》しそうに見《み》つめた。

「あと、使《つか》えそうなものはなんでも利用《りよう》する。家財道具《かざいどうぐ》を売《う》れ！　車《くるま》を分解《ぶんかい》しろ！」

ミニオンたちはさっそく、研究室《けんきゅうしつ》のソファやテーブルを運《はこ》びはじめた。

「銀行《ぎんこう》なんか、当《あ》てにするもんか！」

グルーが叫《さけ》ぶと、ネファリオ博士《はかせ》も続《つづ》いた。

「頑張《がんば》ろう！　ファイト！」

18

寄《よ》せ集《あつ》めの金属《きんぞく》やエンジン、部品《ぶひん》を使《つか》い、さっそく設計図《せっけいず》どおりに作業《さぎょう》が進《すす》められた。

グルーとネファリオ博士《はかせ》は、満足《まんぞく》そうな表情《ひょうじょう》でそれを見守《みまも》った。

一方《いっぽう》、マーゴたち三姉妹《さんしまい》は、発表会《はっぴょうかい》に向《む》けてバレエの練習《れんしゅう》に励《はげ》んでいた。リビングで三《さん》人《にん》がそろってくるりとターンすると、それを見《み》ていたミニオンのスチュアートが真似《まね》をして、手《て》をひらひらさせ、踊《おど》りだした。

そんなある日《ひ》のこと。リビングのドアをあけたグルーはびっくりした。母親《ははおや》が三姉妹《さんしまい》と一緒《いっしょ》にソファにいる。

「ママ、何《なに》しにきたんだ？」

母親《ははおや》はグルーを無視《むし》して、グルーの子《こ》どものころのアルバムを三人《さんにん》に見《み》せている。

「これがお風呂《ふろ》に入《はい》ってるときの写真《しゃしん》。見《み》てごらん、このちっこいおケツ」

写真《しゃしん》を見《み》て、三姉妹《さんしまい》はクスクス笑《わら》った。グルーは気恥《きは》ずかしさでいっぱいになった。

「ママ、やめてくれ」

母親《ははおや》はグルーの頼《たの》みも聞《き》かず、さらにアルバムのページをめくった。

「ほら、これは一張羅《いっちょうら》を着《き》て、めかしこんでるところ」

白《しろ》い襟《えり》のついた正装姿《せいそうすがた》の、グルーの写真《しゃしん》があらわれた。むっつりとした顔《かお》は今《いま》の面影《おもかげ》があるが、髪《かみ》は今《いま》とちがってフサフサで、長《なが》く伸《の》ばしている。

「女《おんな》の子《こ》みたい」

マーゴが笑《わら》うと、母親《ははおや》はにんまり笑《わら》った。

「そうだろ？　不細工《ぶさいく》だけどね」

あの気難《きむずか》しいママが、子《こ》どもたちと楽《たの》しげにしているなんて。グルーには不思議《ふしぎ》だった。


ロケットのエンジンを試《ため》す実験《じっけん》が始《はじ》まった。ブオー！　エンジンが始動《しどう》し、後部《こうぶ》から炎《ほのお》が噴《ふ》きだした。実験成功《じっけんせいこう》だ。

マーゴはその炎《ほのお》で、枝《えだ》にさしたマシュマロを焼《や》いた。さっそくアグネスが枝《えだ》のマシュマロに食《く》いつく。グルーも手《て》を伸《の》ばし、マシュマロをふたつ取《と》ると、ひとつを口《くち》に放《ほう》りこみ、もうひとつをネファリオ博士《はかせ》に差《さ》しだした。

博士《はかせ》はピシャリと、グルーの手《て》を払《はら》った。グルーと三姉妹《さんしまい》の距離《きょり》がだんだん縮《ちぢ》まっていることが、面白《おもしろ》くないのだ。月《つき》を盗《ぬす》む計画《けいかく》に、支障《ししょう》をきたさなければいいが。博士《はかせ》はそれが心配《しんぱい》だった。

グルーはカレンダーを見《み》て、考《かんが》えこんでいた。月《つき》を盗《ぬす》む予定《よてい》の日《ひ》は、三姉妹《さんしまい》のバレエの発表会《はっぴょうかい》の日《ひ》だ。カレンダーには、アグネスからもらったチケットがクリップで留《と》めてある。

「発表会《はっぴょうかい》か、月泥棒《つきどろぼう》か」

どうしたらいい？　グルーにとっては大問題《だいもんだい》だ。悩《なや》んでいると、背後《はいご》に三姉妹《さんしまい》があらわれた。イディスは犬《いぬ》のカイルを抱《だ》いている。獰猛《どうもう》なカイルも、すっかりなついている様子《ようす》だ。母親《ははおや》ばかりか、カイルまで三人《さんにん》と仲良《なかよ》くなったとは。

発表会《はっぴょうかい》と月泥棒《つきどろぼう》……どうしたらいい？　グルーはふたたび考《かんが》えこんだ。

ロケット作《づく》りの作業《さぎょう》を続《つづ》けていたネファリオ博士《はかせ》は、いつものように片手《かたて》を差《さ》しだした。グルーが工具《こうぐ》をわたす役目《やくめ》だ。ところが、いるはずのグルーがいない。あの娘《むすめ》たちと一緒《いっしょ》にいるんだな。博士《はかせ》は腹《はら》を立《た》てた。

自分《じぶん》でも知《し》らないうちに、グルーの三姉妹《さんしまい》への愛情《あいじょう》は高《たか》まってきていた。なんと赤《あか》いギンガムチェックのエプロンをつけて、三人《さんにん》のためにパンケーキまで焼《や》いている。

お皿《さら》の上《うえ》に配《くば》られたパンケーキを見《み》て、イディスが笑《わら》った。パンケーキは人《ひと》の形《かたち》をしている。

「見《み》て、死体《したい》みたいな形《かたち》！」

そんな何気《なにげ》ないやり取《と》りも、グルーにとってはうれしかった。ミニオンやネファリオ博士《はかせ》という仲間《なかま》はいるが、母親《ははおや》以外《いがい》に家族《かぞく》を持《も》つのは初《はじ》めてだ。家《いえ》の中《なか》が明《あか》るくなった気《き》がする。

グルーはすっかりいい気分《きぶん》で、フライパンのケーキを宙《ちゅう》に放《ほう》り、それをフライパンでキャッチ。それを何度《なんど》も繰《く》り返《かえ》した。三姉妹《さんしまい》は拍手喝采《はくしゅかっさい》だ。

ネファリオ博士《はかせ》は、そんなグルーをむっつりとした顔《かお》で見《み》ていた。

このままでは、いかん。なんとかしないと、グルーは悪党《あくとう》の魂《たましい》を失《うしな》ってしまうぞ。

19

「パーキンスさん。息子《むすこ》さんが見《み》えました」

「ああ、通《とお》してくれ」

パーキンスは、デスクの上《うえ》から写真《しゃしん》立《た》てを手《て》に取《と》った。まだ小《ちい》さかった息子《むすこ》を肩車《かたぐるま》している写真《しゃしん》だ。サメの人形《にんぎょう》を手《て》にしたジャージ姿《すがた》のその少年《しょうねん》は、なんとベクターだった。

「やあ、パパ」

ベクターは頭取室《とうどりしつ》に入《はい》った。足《あし》で蹴《け》ってドアを閉《し》めると、手《て》にした大《おお》きな黒《くろ》いケースを床《ゆか》におろした。

「ぼくちゃんに用《よう》？」

「そうだ、用《よう》があるから呼《よ》んだんだ。ビクター」

小《ちい》さなころの名前《なまえ》で呼《よ》ばれ、ベクターはむっとした。

「もうビクターじゃない。それはぼくちゃんが、オバカだったころの名前《なまえ》。今《いま》はベクターだ」

「座《すわ》りなさい！」

父親《ちちおや》に荒々《あらあら》しく命令《めいれい》され、ベクターは急《いそ》いで椅子《いす》に座《すわ》った。

「縮《ちぢ》ませ光線銃《こうせんじゅう》はどこだ？」

パーキンスは右手《みぎて》にリンゴを持《も》ち、尋《たず》ねた。

「ぼくちゃんの家《いえ》にあるよ」

「そうか、おまえの家《いえ》にあるならいい。ということは、このグルーの家《いえ》にあるのは偽物《にせもの》なんだな？」

パーキンスは立《た》ち上《あ》がり、コンピューターの画面《がめん》を見《み》せた。そこにはマーゴたち三《さん》姉妹《しまい》とグルー、縮《ちぢ》ませ光線銃《こうせんじゅう》が映《うつ》っている。

「あっ、クッキーを売《う》りにきた子《こ》たちだ！」

ベクターはいまいましげに、画面《がめん》を指《ゆび》さした。

「いいか」

パーキンスは不機嫌《ふきげん》そうな顔《かお》で、室内《しつない》を歩《ある》きまわった。

「今度《こんど》の月《つき》を盗《ぬす》む計画《けいかく》がどんなに金《かね》になるか、わかってるのか？　一生《いっしょう》に一度《いちど》のチャンスをおまえにくれてやったのに、それを無駄《むだ》にするとは！」

「無駄《むだ》になんか、してないよ」

ベクターは椅子《いす》から立《た》ちあがり、床《ゆか》に置《お》いた黒《くろ》いケースに駆《か》けよった。

「ぼくちゃんの最新兵器《さいしんへいき》を見《み》せてやる！」

ベクターが取《と》りだしたのは、先《さき》が広《ひろ》がった灰色《はいいろ》の武器《ぶき》だった。

「イカ・ランチャーだ！」

スイッチを押《お》すと、広《ひろ》がった先端《せんたん》からイカがあらわれ、ピューンと勢《いきお》いよく飛《と》んでいった。

「大丈夫《だいじょうぶ》。月《つき》は絶対《ぜったい》に、ぼくちゃんのものだ」

ベクターは、不敵《ふてき》に笑《わら》った。

20

三姉妹《さんしまい》の寝室《しんしつ》からは、にぎやかな声《こえ》が響《ひび》いている。

「キャー！」

「アハハ！」

マーゴたちは枕投《まくらな》げをして遊《あそ》んでいた。

「もう寝《ね》る時間《じかん》だぞ」

グルーはアグネスの体《からだ》を抱《だ》きあげ、ベッドにおろした。

「歯《は》を磨《みが》いたか？　ハーしてみろ」

アグネスは言《い》われたとおり、グルーに息《いき》をかけた。

「磨《みが》いてないだろ」

と言《い》った次《つぎ》の瞬間《しゅんかん》、グルーは床《ゆか》に押《お》したおされていた。イディスがグルーのお腹《なか》の上《うえ》で、ポンポン跳《は》ねている。

まったく、こいつらめ！　グルーはイディスの足首《あしくび》をつかんで、体《からだ》を逆《さか》さにし、ブラブラ揺《ゆ》らした。イディスは大喜《おおよろこ》びだ。

「冗談《じょうだん》じゃないぞ。子《こ》どもはもう寝《ね》る時間《じかん》だ。頼《たの》むから、言《い》うこと聞《き》いてくれ」

そう言《い》って、イディスをベッドに落《お》とした。

「だって疲《つか》れてないもーん」

イディスが言《い》い張《は》った。

「俺《おれ》は疲《つか》れた」

グルーは戸口《とぐち》に向《む》かった。やれやれ、クタクタだ。

アグネスが、本《ほん》を手《て》に尋《たず》ねた。

「寝《ね》る前《まえ》に本《ほん》を読《よ》んでくれる？」

「いやだ」

グルーは寝室《しんしつ》のドアを閉《し》めようとした。

「おねがーい」

グルーは戻《もど》ってきて、言《い》い聞《き》かせた。

「かわいくおねだりしたからって、なんでも叶《かな》うわけじゃない。断《ことわ》る。おやすみ」

そうしてふたたび戸口《とぐち》に向《む》かおうとすると、イディスがベッドから抜《ぬ》けでて、ピョンピョン跳《は》ねた。

「眠《ねむ》れないよ。こんなに元気《げんき》なんだもん」

マーゴも枕《まくら》を抱《かか》え、起《お》きだしてきた。

「本《ほん》を読《よ》んでくれないんなら、このままひと晩《ばん》じゅう騒《さわ》いでうるさくしちゃうから」

そう言《い》って、じーっとグルーを見《み》つめた。その目《め》に逆《さか》らえるものがいるだろうか？

しかたない。グルーはため息《いき》をついて、アグネスのベッドに近《ちか》づいた。さっさと読《よ》んで寝《ね》てもらおう。

本《ほん》を手《て》に取《と》り、タイトルを読《よ》む。

「『おネムな子猫《こねこ》』？」

表紙《ひょうし》を開《ひら》くと、裏《うら》に子猫《こねこ》の指人形《ゆびにんぎょう》が三体《さんたい》くっついている。

「なんだ、こりゃ？」

「それ、指人形《ゆびにんぎょう》。指《ゆび》にはめてお話《はなし》するの」

グルーの左肩《ひだりかた》から身《み》を乗《の》りだし、アグネスが説明《せつめい》した。

悪党《あくとう》のこの俺様《おれさま》が、指人形《ゆびにんぎょう》？　はあ。グルーは胸《むね》の中《なか》でもう一度《いちど》、ため息《いき》をついた。おそるおそる、人形《にんぎょう》を指《ゆび》にはめてみた。

「わかった。とっとと片《かた》づけよう」

さっそく本《ほん》を読《よ》みはじめた。

「『あそびが大好《だいす》きな三匹《さんびき》の子猫《こねこ》は、太陽《たいよう》をあびてたっぷりあそびました。そこにお母《かあ》さん猫《ねこ》が呼《よ》びにきました。〝もう寝《ね》る時間《じかん》ですよ〟』」

そこまで読《よ》んで、グルーは退屈《たいくつ》してきた。

「なんだ、こりゃ。しょーもない話《はなし》だな。こんな話《はなし》がいいのか？」

「早《はや》く読《よ》んで」

アグネスがせかした。相変《あいか》わらず、グルーの左肩《ひだりかた》から身《み》を乗《の》りだしている。グルーの右《みぎ》側《がわ》にはイディス、正面《しょうめん》にはマーゴがいる。

「早《はや》くう」

アグネスにふたたびうながされ、グルーはしぶしぶ先《さき》を読《よ》みつづけた。

「わかった。読《よ》めばいいんだろ？　『三匹《さんびき》は泣《な》きながらいいました。〝お母《かあ》さん、ぼくたちぜんぜん疲《つか》れてないよ〟。するとお母《かあ》さんはにっこりわらい、〝せめて毛《け》のブラッシングだけはしないとだめよ〟』」

そのページには、ブラシがついている。

「それでブラッシングして」

イディスが言《い》った。グルーはブラシを取《と》って、それで猫《ねこ》の指人形《ゆびにんぎょう》を一体《いったい》ずつ撫《な》でた。

「これが文学《ぶんがく》か？　二歳《にさい》の子《こ》どもでも書《か》けそうだ」

と、ぼやきながら。

「『ブラッシングしてもらった三匹《さんびき》の子猫《こねこ》はいいました。〝興奮《こうふん》して眠《ねむ》れないよ〟。お母《かあ》さん猫《ねこ》は、シルクのようなやさしい声《こえ》で、〝わかったわ。でもせめて、ミルクだけはのんで〟といいました』」

「ミルク飲《の》ませてあげて」

アグネスがささやいた。グルーの開《ひら》いたページには、ミルクの入《はい》った容器《ようき》の絵《え》がある。グルーは指人形《ゆびにんぎょう》をその容器《ようき》にくっつけた。いかにも子猫《こねこ》がミルクを飲《の》んでいるように見《み》える。グルーはうめいた。

「あー、もう耐《た》えられない。いつまで続《つづ》くんだ?」

そのまま本《ほん》を閉《と》じようとしたが、三人《さんにん》の視線《しせん》に負《ま》け、ふたたび読《よ》みはじめた。

「『三匹《さんびき》の子猫《こねこ》はミルクを全部《ぜんぶ》のみ、目《め》をこすり、あくびをはじめました』」

アグネス、イディス、マーゴがあくびをした。よし、もう少《すこ》しの辛抱《しんぼう》だ。

「『〝ぼくたち、眠《ねむ》れない。無理《むり》だよ〟と子猫《こねこ》がいうと、お母《かあ》さん猫《ねこ》は子守唄《こもりうた》をうたいました。〝おやすみ、みんな。目《め》をとじて、朝《あさ》までぐっすり眠《ねむ》りなさい。寝《ね》ているあいだはバラバラだけど、お母《かあ》さんはみんなを心《こころ》から愛《あい》しているわ〟』」

その言葉《ことば》は、なぜかグルーの胸《むね》を打《う》った。愛《あい》しているって、どんな気持《きも》ちなんだろう?

ふと気《き》づくと、三姉妹《さんしまい》はみなうとうとしている。グルーはバタンと本《ほん》を閉《と》じた。

「おしまい。じゃあ、おやすみ」

「待《ま》って」

アグネスがハッと起《お》きあがり、グルーを呼《よ》びとめた。

「なんだ？」

グルーはドアに手《て》をかけたまま、アグネスを振《ふ》り返《かえ》った。

「おやすみのキスはないの？」

キスだって？　冗談《じょうだん》じゃない。

「そんなものは、ない。キスもハグもない」

グルーは寝室《しんしつ》から出《で》ていった。マーゴが枕《まくら》もとのスタンドを切《き》り、ベッドに横《よこ》になった。

「キスはあきらめなさい、アグネス」

「グルーさん、好《す》き。やさしいもん」

アグネスは目《め》をこすりながら、つぶやいた。

「でも、怖《こわ》いよ」

隣《となり》のベッドから、イディスが言《い》った。

「サンタさんみたい」

アグネスはもう一度《いちど》つぶやき、ベッドに入《はい》った。

21

寝室《しんしつ》を出《で》たグルーは、複雑《ふくざつ》な思《おも》いでいた。最初《さいしょ》は縮《ちぢ》ませ光線銃《こうせんじゅう》をベクターの基地《きち》から奪《うば》うために利用《りよう》しようとして、三姉妹《さんしまい》を養護施設《ようごしせつ》から引《ひ》き取《と》ったのだが、日《ひ》ごとに三人《さんにん》が愛《いと》おしくなってきた。

今《いま》では、あの子《こ》たちなしの生活《せいかつ》なんて、考《かんが》えられない……。そう思《おも》うまでになっていた。子《こ》どもたちの無邪気《むじゃき》な瞳《ひとみ》、陽気《ようき》な笑《わら》い声《ごえ》。暗《くら》く陰気《いんき》だったグルーの家《いえ》が、すっかり明《あか》るくなった。

バレエの発表会《はっぴょうかい》に行《い》ってやりたいな。みんなの喜《よろこ》ぶ顔《かお》が見《み》たい。けれど、その日《ひ》は月泥《つきどろ》棒《ぼう》の予定日《よていび》でもある。どうしたらいい？

ふと廊下《ろうか》の壁《かべ》に目《め》をやった。そこにはグルーの家系図《かけいず》が貼《は》られている。その下《した》の壁《かべ》に、三姉妹《さんしまい》の絵《え》が描《か》かれていた。それぞれマーゴ、イディス、アグネスと名前入《なまえい》りで。

あいつら、いつの間《ま》にこんなことを？

マーゴたちは、すっかりグルーと家族《かぞく》になったつもりらしい。グルーの胸《むね》に、熱《あつ》いものが込《こ》みあげてきた。子《こ》どもたちって、やかましくて手間《てま》がかかるけど……いいもんだな。

と、そのとき、背後《はいご》からネファリオ博士《はかせ》の声《こえ》がした。

「ロケットの打《う》ち上《あ》げまで、あと四十八時間《よんじゅうはちじかん》だ。システムはすべて順調《じゅんちょう》だ」

廊下《ろうか》に散《ち》らばっている子《こ》どもたちのおもちゃを拾《ひろ》いながら、グルーは返事《へんじ》をした。博士《はかせ》と目《め》を合《あ》わせたくなかったのだ。

「あー博士《はかせ》、そのことで相談《そうだん》があるんだけど……」

グルーは言葉《ことば》に詰《つ》まった。

「……月泥棒《つきどろぼう》する日《ひ》を、変《か》えられないかな？」

「まさか、あの娘《むすめ》たちのバレエの発表会《はっぴょうかい》に行《い》きたいからって、言《い》うんじゃないだろうな？」

「ま、まさか」

グルーは両手《りょうて》いっぱいにおもちゃを抱《かか》え、博士《はかせ》と向《む》かい合《あ》った。

「よしてくれ。ちがうよ。バレエの発表会《はっぴょうかい》なんて、ありえない」

ブンブンと首《くび》を大《おお》きく振《ふ》った。

「俺《おれ》はただ……土曜日《どようび》に決行《けっこう》するのは変《へん》かなって。それより火曜日《かようび》のほうがよさそうかなって……だろ？」

「グルー！」

博士《はかせ》が声《こえ》を荒《あら》らげた。

「何年《なんねん》も前《まえ》から、取《と》りくんできた計画《けいかく》だ。私《わたし》たちの夢《ゆめ》が、全部《ぜんぶ》この計画《けいかく》に詰《つ》まっている。歴史《れきし》を作《つく》るチャンスなんだぞ！」

グルーは顔《かお》をそむけた。博士《はかせ》はなおも、力強《ちからづよ》く言《い》い張《は》った。

「月《つき》を盗《ぬす》んだ男《おとこ》になれるんだ！」

博士《はかせ》はついに、日《ひ》ごろ言《い》いたかったことを口《くち》にした。

「あの娘《むすめ》たちがいると、おまえの気《き》がそがれる。追《お》いだすんだ！」

グルーは暗《くら》い目《め》で、博士《はかせ》の顔《かお》を見《み》た。痛《いた》いところを突《つ》かれて、反論《はんろん》もできない。自分《じぶん》が自分《じぶん》らしくなくなっている……それはグルーも気《き》づいていた。

「おまえが追《お》いだせないなら、私《わたし》がやる！」

「よくわかった」

グルーはそれだけ言《い》うと、博士《はかせ》に背中《せなか》を向《む》けた。

22

地下《ちか》の研究室《けんきゅうしつ》では、ミニオンたちがコピー機《き》で遊《あそ》んでいた。一体《いったい》がオーバーオールを脱《ぬ》いで、お尻《しり》をコピーしている。

「アーハッハッハ」

つぎつぎに機械《きかい》から吐《は》きだされる用紙《ようし》を見《み》て、ほかの二体《にたい》のミニオンは笑《わら》った。黄色《きいろ》いお尻《しり》がくっきりコピーされている。

「ケツ」

ミニオンたちは、ケラケラ笑《わら》った。と、背後《はいご》で小《ちい》さくなっていたグルーの戦闘機《せんとうき》が突然《とつぜん》もとの大《おお》きさに戻《もど》った

ダイニングルームで、グルーと三姉妹《さんしまい》、ミニオンのジェリーとケビンは床《ゆか》に車座《くるまざ》になって、お茶《ちゃ》を飲《の》んでいた。

「いいか？　カップとカップを触《ふ》れ合《あ》わせたら、口《くち》で〝カチン〟と言《い》うんだ。わかったな？　よし、イディスから」

グルーは、イディスとカップを合《あ》わせた。

「カチン」

イディスが言《い》った。

「よし、合格《ごうかく》。そしたら飲《の》む」

グルーとイディスは、カップの中《なか》のお茶《ちゃ》を飲《の》みほした。

「次《つぎ》はアグネスだ。カチン」

「カチン」

アグネスも、お茶《ちゃ》を飲《の》みほした。

「合格《ごうかく》」

グルーは満足《まんぞく》そうに笑《わら》った。と、そのときピンポーン！　ドアのチャイムが鳴《な》った。誰《だれ》だ？　グルーは立《た》ちあがった。

「ちょっと失礼《しつれい》」

「えー」

「行《い》っちゃうの？」

みんなは口々《くちぐち》に文句《もんく》を言《い》った。

「すぐ戻《もど》る。カチンしとけよ」

グルーは玄関《げんかん》に向《む》かった。ドアをあけると、養護施設《ようごしせつ》のミス・ハティが立《た》っていた。グルーは胸騒《むなさわ》ぎがした。

「ハティさん、なんのご用《よう》です？」

「あの子《こ》たちを施設《しせつ》に戻《もど》したいとお電話《でんわ》があったので、引《ひ》き取《と》りにきました」

ミス・ハティは、冷《ひ》ややかに言《い》った。

博士《はかせ》のしわざだ！　グルーにはピンときた。いつまでたっても煮《に》え切《き》らない態度《たいど》のグルーに業《ごう》を煮《に》やし、博士《はかせ》が施設《しせつ》に電話《でんわ》したにちがいない。

言葉《ことば》も出《で》ないでいるグルーを無視《むし》して、ミス・ハティはバッグから辞書《じしょ》を取《と》りだした。

「スペイン語《ご》の辞書《じしょ》を買《か》って、調《しら》べてみました」

ミス・ハティはグルーの横《よこ》っ面《つら》を辞書《じしょ》ではたいた。

「ウッ」

グルーはうめいた。施設《しせつ》でミス・ハティに〝コモ・ウン・ブーロ〟と言《い》ったときのことを思《おも》い出《だ》した。〝ロバそっくり〟という意味《いみ》だ。

「あれは誉《ほ》め言葉《ことば》じゃなかったのね！」

グルーが適当《てきとう》な言《い》い訳《わけ》を考《かんが》えていると、背後《はいご》にネファリオ博士《はかせ》があらわれた。

「エッヘン」

博士《はかせ》は咳《せき》ばらいし、グルーに合図《あいず》した。その無言《むごん》の圧力《あつりょく》に、グルーは抵抗《ていこう》できなかった。

「……わかりました。すぐしたくさせます」

23

三人分《さんにんぶん》の荷物《にもつ》とユニコーンのぬいぐるみを両手《りょうて》に抱《かか》え、グルーはミス・ハティの赤《あか》い車《くるま》に向《む》かった。そのうしろから、三姉妹《さんしまい》がうつむき、トボトボついていく。

グルーが車《くるま》に荷物《にもつ》をしまうと、イディスが振《ふ》り向《む》きもせずに、車《くるま》に乗《の》りこんだ。マーゴは嫌《いや》がるアグネスを引《ひ》きずるようにして、車《くるま》に乗《の》せようとした。

「お願《ねが》い、施設《しせつ》に戻《もど》さないで。このままいてほしいって言《い》って！」

アグネスは必死《ひっし》に訴《うった》えた。マーゴはアグネスの体《からだ》の両脇《りょうわき》をつかみ、無理《むり》やり車《くるま》に乗《の》せた。

「いいわね、帰《かえ》るわよ」

ミス・ハティはなんの感情《かんじょう》も見《み》せずに、車《くるま》のドアに手《て》をかけた。

「さよなら、グルーさん。今《いま》までありがとう」

マーゴはアグネスを膝《ひざ》に乗《の》せ、前《まえ》を向《む》いたままそっけなく言《い》った。

ミス・ハティが運転《うんてん》して去《さ》っていく車《くるま》を、グルーはなすすべもなく、じっと見送《みおく》った。

心《こころ》にぽっかり大《おお》きな穴《あな》があいた気《き》がする。重《おも》い足取《あしど》りで家《いえ》に戻《もど》ると、玄関前《げんかんまえ》にネファリオ博士《はかせ》が待《ま》っていた。

「おまえのためにしたことだ。さあ、月《つき》をいただきにいこう」

「……そうだな」

グルーは車《くるま》が去《さ》っていった方向《ほうこう》を、むなしい気持《きも》ちで見《み》つめた。俺《おれ》は悪党《あくとう》。月《つき》を盗《ぬす》むのが仕事《しごと》……そう自分《じぶん》に言《い》い聞《き》かせながら。

家《いえ》の中《なか》ではミニオンのジェリーが、縮《ちぢ》ませ光線銃《こうせんじゅう》で小《ちい》さくなったケビンを抱《だ》いて、おいおい泣《な》いていた。三姉妹《さんしまい》とすっかり仲良《なかよ》くなっていたジェリーは、悲《かな》しくて胸《むね》が張《は》りさけそうだった。

ディナーの皿《さら》を前《まえ》にしても、グルーは食欲《しょくよく》がわかなかった。フォークで肉《にく》をつつくだけだ。久《ひさ》しぶりのひとりきりの食事《しょくじ》……なんて、味気《あじけ》ないんだろう。三姉妹《さんしまい》の笑《わら》い声《ごえ》の聞《き》こえない家《いえ》は、しんと静《しず》まり返《かえ》っている。

もともと俺《おれ》はひとりだったんだ。すぐに慣《な》れるさ、すぐに……。

廊下《ろうか》に出《で》ると、ミニオンのティム、マーク、フィルが壁《かべ》をブラシでこすっている。三姉《さんし》妹《まい》が家系図《かけいず》の下《した》に描《か》いた絵《え》を消《け》しているのだ。

これでいい。これでいいんだ。もとに戻《もど》っただけなんだから。グルーは胸《むね》の中《なか》でつぶやいた。

そのころ、マーゴ、イディス、アグネスの三人《さんにん》は、それぞれの名前《なまえ》の記《しる》された段《だん》ボール箱《ばこ》のお仕置《しお》きボックスに入《い》れられていた。

24

翌朝《よくあさ》、ベッドで目覚《めざ》めたグルーは何《なに》か、違和感《いわかん》を覚《おぼ》えた。うん？ ベッドの中《なか》になんかあるぞ。上掛《うわが》けをめくってみると、人形《にんぎょう》が転《ころ》がっていた。三姉妹《さんしまい》の忘《わす》れ物《もの》だ。グルーは飛《と》び起《お》きた。

地下《ちか》の研究室《けんきゅうしつ》では、ずらりと並《なら》んだコンピューターの前《まえ》で、ミニオンたちがせわしなく働《はたら》いていた。正面《しょうめん》の大《おお》きなスクリーンには、月《つき》への軌道《きどう》が描《えが》かれた立体図《りったいず》が映《うつ》しだされている。いよいよ、月《つき》を盗《ぬす》みにいく日《ひ》が来《き》たのだ。地下《ちか》は管制室《かんせいしつ》と化《か》していた。

ピンクの宇宙服《うちゅうふく》に身《み》を包《つつ》んだグルーがあらわれた。手《て》には、大《おお》きなヘルメットを抱《かか》えて

いる。幼《おさな》い日《ひ》に段《だん》ボール箱《ばこ》をくりぬいて作《つく》ったヘルメットではない。正真正銘《しょうしんしょうめい》、本物《ほんもの》のヘルメットだ。

よし！　グルーはヘルメットをかぶった。その視線《しせん》の先《さき》には、みんなで作《つく》りあげたロケットがある。

ミニオンのジェリーが息《いき》を切《き》らしながら、グルーの足元《あしもと》に駆《か》けよった。グルーとジェリーを乗《の》せた台《だい》が、グイーンとせりあがる。

「パドゥパドゥ」

ジェリーはグルーの右手《みぎて》に、何《なに》か紙切《かみき》れを握《にぎ》らせた。

「なんだ、これは？」

グルーが尋《たず》ねると、

「パッポーパイ、パッポーパイ」

ジェリーは必死《ひっし》な目《め》で、グルーを見《み》あげた。グルーは手《て》の中《なか》の紙切《かみき》れを見《み》た。バレエの発表会《はっぴょうかい》のチケットだ。

「発表会《はっぴょうかい》？　俺《おれ》は今世紀最大《こんせいきさいだい》の悪党《あくとう》なんだぞ。その俺《おれ》が子《こ》どものバレエの発表会《はっぴょうかい》なんて……行《い》くわけない」

最後《さいご》の言葉《ことば》を自分《じぶん》に言《い》い聞《き》かせるように口《くち》にすると、グルーはチケットを放《ほう》りなげた。ひらひら舞《ま》うチケットを、ジェリーはあわててつかんだ。そしてグルーの宇宙服《うちゅうふく》の脚《あし》のポケットにこっそり入《い》れた。

グルーはロケットのコックピットに入《はい》り、操縦席《そうじゅうせき》に座《すわ》った。シートベルトで体《からだ》を固定《こてい》する。席《せき》の前《まえ》のスクリーンに、ネファリオ博士《はかせ》が映《うつ》しだされた。博士《はかせ》が告《つ》げる。

「では、今《いま》からカウントダウンを始《はじ》める」

格納庫《かくのうこ》の天井《てんじょう》があいた。博士《はかせ》の声《こえ》が響《ひび》く。

「打《う》ち上《あ》げまで、あと十《じゅう》、九《きゅう》、八《はち》、七《なな》……」

グルーの隣人《りんじん》のフレッドは、道路《どうろ》で愛車《あいしゃ》のワックスがけをしていた。うん？　隣《となり》からなんか音《おと》がするぞ。フレッドはグルーの家《いえ》を見《み》た。先《さき》のとがった大《おお》きなロケットが轟音《ごうおん》とともに、せりあがっている。

フレッドは突《つ》っ立《た》ったまま、呆然《ぼうぜん》としていた。なんなんだ、あれは？

そこにベクターがあらわれた。ヘルメットをかぶり、手《て》には先《さき》が広《ひろ》がった灰色《はいいろ》の武器《ぶき》を持《も》っている。

ベクターは道路《どうろ》に片膝《かたひざ》をつくと、武器《ぶき》をかまえた。先端《せんたん》からイカが飛《と》びだし、舞《ま》いあがろうとしているロケットにピシャッと張《は》りついた。イカの体《からだ》にはワイヤーがついていて、片方《かたほう》の先端《せんたん》は、ベクターの体《からだ》に巻《ま》きついている。

ゴオオ！　ロケットは黒《くろ》い煙《けむり》を噴《ふ》きだしながら、飛《と》んでいった。イカのワイヤーに引《ひ》っ張《ぱ》られ、ベクターも空《そら》を飛《と》んでいく。ロケットの機体《きたい》に着《つ》くと、雄《お》たけびをあげた。

「オーイエーイ！」

「さすが、博士《はかせ》。すべて順調《じゅんちょう》だ」

コックピットでグルーは、満足《まんぞく》そうにうなずいた。が、次《つぎ》の瞬間《しゅんかん》、目《め》を疑《うたが》った。なんと、目《め》の前《まえ》のガラスに、ベクターが張《は》りついているではないか。こいつ、いつの間《ま》にどうやってロケットと一緒《いっしょ》に飛《と》んできたんだ？

「ほんとに順調《じゅんちょう》かな？」

ベクターは嘲笑《あざわら》うと、武器《ぶき》をかまえた。そうはさせるか。グルーもすかさず、スイッチを入《い》れる。

「アワワ」

ベクターの体《からだ》は、火花《ひばな》に包《つつ》まれた。グルーの入《い》れたスイッチは、機体《きたい》の外《そと》に電気《でんき》を流《なが》すものだった。感電《かんでん》したベクターは、ロケットの機体《きたい》から落《お》ちていった。このままでは墜落《ついらく》だ！

空中《くうちゅう》を落下《らっか》していきながら、ベクターはジャージの上着《うわぎ》の前《まえ》を開《ひら》いた。

「よーし、フライトスーツだ！」

体《からだ》の両脇《りょうわき》からコウモリのような翼《つばさ》が出《で》てきて、ベクターの体《からだ》はふわりと浮《う》きあがった。

「オーイエーイ！　ベクター復活《ふっかつ》！」

調子《ちょうし》に乗《の》って空《そら》を舞《ま》っていると、ゴツン！　送電塔《そうでんとう》に衝突《しょうとつ》してしまった。ビリビリ！

ふたたび感電《かんでん》して、ベクターは地面《じめん》に落《お》ちていった。

25

ロケットは燃料《ねんりょう》タンクの切《き》り離《はな》しに成功《せいこう》。いよいよ大気圏突破《たいきけんとっぱ》だ。大気圏《たいきけん》とは、地球《ちきゅう》の表面《ひょうめん》を覆《おお》っている気体《きたい》の層《そう》のこと。機体《きたい》が激《はげ》しく揺《ゆ》れる。

「ウワーッ！」

グルーは思《おも》わず絶叫《ぜっきょう》した。遊園地《ゆうえんち》でジェットコースターに乗《の》ったときのことがよみがえる。思《おも》わず、おろしてくれえ！　と叫《さけ》びたくなった。

けれど、ここをうまく突破《とっぱ》したら、その先《さき》には宇宙空間《うちゅうくうかん》が待《ま》っている。やがてコックピットの窓《まど》の外《そと》は、青《あお》から紫《むらさき》、さらに黒《くろ》へと変《か》わった。

機体《きたい》がおとなしくなった。大気圏《たいきけん》を突破《とっぱ》したのだ。空気抵抗《くうきていこう》がなくなり、ロケットはふんわりと宇宙《うちゅう》に浮《う》かんだ。

地球《ちきゅう》の管制室《かんせいしつ》にいたミニオンたちは、スクリーンを見《み》て歓声《かんせい》をあげた。

やった！　ついにグルーが宇宙空間《うちゅうくうかん》に到達《とうたつ》したのだ！

ロケットはゆっくりと、月《つき》の周囲《しゅうい》を飛《と》んでいく。ロケットの中《なか》でグルーの体《からだ》が回転《かいてん》する。重力《じゅうりょく》から解放《かいほう》されたからだ。

よし！　縮《ちぢ》ませ光線銃《こうせんじゅう》を手《て》に、グルーはコックピットから出《で》た。月《つき》に照準《しょうじゅん》を定《さだ》め、引《ひ》き金《がね》を引《ひ》く。発射《はっしゃ》！　光線《こうせん》が月《つき》を目《め》がけて飛《と》んでいく。たちまち月《つき》が光《ひかり》に包《つつ》まれた。

「オオーッ！」

管制室《かんせいしつ》で、ミニオンたちは感動《かんどう》していた。月《つき》が縮《ちぢ》んでいく！

地上《ちじょう》ではいきなり海《うみ》の波《なみ》がなくなり、サーファーたちはびっくりした。月《つき》の引力《いんりょく》がなくなったせいだ。

野球《やきゅう》のボールぐらいに小《ちい》さくなった月《つき》を手《て》に、グルーはにんまりした。ついに月《つき》を盗《ぬす》んだぞ！　地球広《ちきゅうひろ》しといえど、こんなことができるのは、この俺様《おれさま》以外《いがい》にいないだろう。ワーッハッハ！

「月《つき》を手《て》に入《い》れたぞ！」

宇宙空間《うちゅうくうかん》ででんぐり返《がえ》しをしていると、ひらひらと一枚《いちまい》の紙切《かみき》れが舞《ま》っているのが見《み》えた。バレエの発表会《はっぴょうかい》のチケットだ。グルーは腕時計《うでどけい》を見《み》た。午後四時十二分《ごごよじじゅうにふん》。

「まだ間《ま》に合《あ》うぞ！」

管制室《かんせいしつ》では、小《ちい》さくなったケビンを膝《ひざ》にのせ、ジェリーがせっせとコンピューターを操作《そうさ》していた。

ん？　ジェリーは首《くび》をかしげた。膝《ひざ》のケビンの体《からだ》が光《ひかり》に包《つつ》まれたかと思《おも》うと……ズズン大《おお》きくなり、あっという間《ま》にもとの大《おお》きさに戻《もど》ったではないか。

「ケビーン！」

ジェリーは相棒《あいぼう》をハグし、チュッチュッ、キスを繰《く》り返《かえ》した。

横《よこ》にいたネファリオ博士《はかせ》も、びっくりして目《め》をパチクリさせた。なんと、縮《ちぢ》ませ光線《こうせん》の効《き》き目《め》は永遠《えいえん》ではないのか？　博士《はかせ》はあせった。このことを早《はや》くグルーに知《し》らせなくては！

グルーを乗《の》せたロケットは、一直線《いっちょくせん》に地球《ちきゅう》に向《む》かっていた。

「急《いそ》げ！　急《いそ》ぐんだ！」

なんとしても、バレエの発表会《はっぴょうかい》に間《ま》に合《あ》ってみせる！　グルーは操縦桿《そうじゅうかん》をグイと引《ひ》いた。

26

発表会会場《はっぴょうかいかいじょう》の座席《ざせき》は埋《う》まりつつある。舞台《ぶたい》の袖《そで》から、アグネスは心配《しんぱい》そうに座席《ざせき》をキョロキョロ見《み》わたした。

「グルーさん、まだ来《き》てないや」

しょんぼりうつむくと、横《よこ》にいたマーゴが、きっぱりと告《つ》げた。

「来《く》るはずないでしょ。もう他人《たにん》なんだから」

「でも、指切《ゆびき》りゲンマンしたよ！」

アグネスはマーゴに駆《か》けよった。今《いま》でも、グルーと指切《ゆびき》りしたときの感触《かんしょく》が、小指《こゆび》に残《のこ》っている。グルーさんが約束《やくそく》を破《やぶ》るはずない。きっと来《き》てくれるはず……。

「三人《さんにん》とも、何《なに》してるの？　位置《いち》について」

バレエの先生《せんせい》が近《ちか》づいてきた。

「まだ行《い》けない！　大事《だいじ》な人《ひと》が来《く》るのを待《ま》ってるの！」

イディスが訴《うった》えた。アグネスも、先生《せんせい》をじっと見《み》つめた。

「あともうちょっとだけ待《ま》っても、いいでしょ？」

その真剣《しんけん》な表情《ひょうじょう》に、先生《せんせい》は胸《むね》を打《う》たれた。よっぽど大事《だいじ》な人《ひと》が来《く》る予定《よてい》なのね。ため息《いき》をつき、先生《せんせい》は言《い》った。

「わかったわ。あとちょっとだけ待《ま》ちましょう」

アグネスとイディスは、ほっとした顔《かお》になった。マーゴだけがツンと顎《あご》をあげ、言《い》った。

「来《く》るはずないよ」

「グルー、グルー、聞《き》こえるか？」

管制室《かんせいしつ》では、ネファリオ博士《はかせ》が必死《ひっし》にマイクに呼《よ》びかけていた。縮《ちぢ》ませ光線《こうせん》の効《き》き目《め》に限《かぎ》りがあることを、早《はや》くグルーに伝《つた》えなくては。

けれどロケットはふたたび大気圏《たいきけん》に突入《とつにゅう》していて、地上《ちじょう》からの音声《おんせい》は途絶《とだ》えていた。

「ヌオオオオ！」

グルーは振動《しんどう》に負《ま》けないよう、歯《は》をくいしばった。

ロケットと連絡《れんらく》が取《と》れないとわかると、ネファリオ博士《はかせ》は愛用《あいよう》のスクーターのハンドルを握《にぎ》った。

「グルーに教《おし》えてやらんと！　急《いそ》げ！」

スクーターは、モタモタ動《うご》きだした。


やった、大気圏《たいきけん》に再突入《さいとつにゅう》したぞ！　地表《ちひょう》が見《み》えてきた。グルーの心《こころ》はせいた。

会場内《かいじょうない》が暗《くら》くなり、幕《まく》があいた。舞台上《ぶたいじょう》ではたくさんの少女《しょうじょ》たちがバレエのポーズを取《と》り、一列《いちれつ》に並《なら》んでいる。マーゴ、イディス、アグネスの姿《すがた》も見《み》える。グルーの到着《とうちゃく》を待《ま》たず、発表会《はっぴょうかい》は始《はじ》まってしまった。

音楽《おんがく》が鳴《な》り、少女《しょうじょ》たちは踊《おど》りだした。それでもアグネスはあきらめきれず、暗《くら》い客席《きゃくせき》に目《め》を走《はし》らせた。グルーさん、まだなのかな？

そのとき、会場奥《かいじょうおく》のドアから、ひとりの男《おとこ》があらわれた。が、グルーではない。ジャージの上下《じょうげ》におかっぱ頭《あたま》のその男《おとこ》は、ベクターだった！


「よーし、あれが図書館《としょかん》だ。三丁目《さんちょうめ》を通《とお》って、よしここだ！　見《み》つけたぞ」

ロケットのコックピット内《ない》でグルーは地図《ちず》を広《ひろ》げ、チェックした。ロケットはすでにグルーの街《まち》の上空《じょうくう》を飛《と》んでいる。

「会場《かいじょう》まで、あと少《すこ》しだ」

ロケットは地上《ちじょう》におりた。通《とお》りかかったタクシーと衝突《しょうとつ》し、その拍子《ひょうし》にロケットはバウンドしながら、そのまま道路《どうろ》を進《すす》んでいった。

「あれだ！」

正面《しょうめん》に発表会《はっぴょうかい》の会場《かいじょう》が見《み》えてきた。ヌヌヌ……グルーは懸命《けんめい》にブレーキを踏《ふ》んだ。キキーッ！　きしみながら、ロケットがようやく停止《ていし》した。

宇宙服《うちゅうふく》からいつもの黒《くろ》いスーツに急《いそ》いで着《き》がえたグルーは機体《きたい》からおり、会場《かいじょう》に飛《と》びこんだ。頼《たの》む、間《ま》に合《あ》ってくれ！

体当《たいあ》たりしてドアをあける。次《つぎ》の瞬間《しゅんかん》、グルーはガックリとうなだれた。

「残念《ざんねん》だったね。もう終《お》わったよ」

客席《きゃくせき》の椅子《いす》を片《かた》づけていた男《おとこ》が、気《き》の毒《どく》そうに声《こえ》をかけた。

「……間《ま》に合《あ》わなかったのか」

グルーは力《ちから》なく、残《のこ》っている椅子《いす》に歩《あゆ》みよった。ステージで踊《おど》るあの子《こ》たちを見《み》たかったな。指切《ゆびき》りの約束《やくそく》を果《は》たせなかった……。

帰《かえ》ろうとして、一脚《いっきゃく》の椅子《いす》の背《せ》もたれに紙《かみ》が貼《は》ってあることに気《き》づいた。そこには、こう書《か》かれている。

『マーゴ、イディス、アグネスのパパの席《せき》』

ハートマークも描《か》かれていた。

あいつら……グルーの胸《むね》が痛《いた》んだ。その紙《かみ》を手《て》に取《と》り、じっくりと眺《なが》めた。俺《おれ》のこと、パパだなんて。養護施設《ようごしせつ》に追《お》い返《かえ》したのに……おや、紙《かみ》の裏《うら》に何《なに》か書《か》かれているぞ。グルーは紙《かみ》をひっくり返《かえ》した。

それを目《め》にしたとたん、グルーは血相《けっそう》を変《か》えて会場《かいじょう》を飛《と》びだした。紙《かみ》がひらひら舞《ま》い、床《ゆか》に落《お》ちた。そこにはこう書《か》かれていたのだ。

『月《つき》をよこせ　ベクター』

27

ベクターの基地《きち》まで走《はし》ると、グルーは門《もん》の扉《とびら》をガンガン叩《たた》いた。

「ここをあけろ、ベクター！」

頼《たの》む、娘《むすめ》たち無事《ぶじ》でいてくれ！　グルーの頭《あたま》には、そのことしかなかった。

門扉《もんぴ》の上《うえ》に突然《とつぜん》大《おお》きなスクリーンがあらわれた。映《うつ》しだされたベクターが告《つ》げる。

「まずは月《つき》をよこせ。話《はなし》はそれからだ」

ウヌヌ……グルーは上着《うわぎ》の内《うち》ポケットに手《て》を入《い》れ、野球《やきゅう》のボール大《だい》の月《つき》を取《と》りだした。

それを見《み》て、ベクターはにんまりした。

塀《へい》から円柱形《えんちゅうけい》の容器《ようき》が突《つ》きでてきた。容器《ようき》の真《ま》ん中《なか》に、穴《あな》があいている。そこに月《つき》を入《い》れろということらしい。

三姉妹《さんしまい》のためだ……グルーは穴《あな》に月《つき》を入《い》れた。たちまち容器《ようき》は壁《かべ》に引《ひ》っこんでいった。

ふたたびスクリーンを見《み》やると、月《つき》を手《て》にして、ほくそ笑《え》むベクターの顔《かお》が映《うつ》った。その背後《はいご》から女《おんな》の子《こ》の声《こえ》がする。

「グルーさん！」

アグネスの声《こえ》だ！　グルーはドキッとした。

「うるさい、黙《だま》れ！」

ベクターがうしろを向《む》いて、怒鳴《どな》った。

「三人《さんにん》を返《かえ》せ！」

グルーは、スクリーンのベクターに向《む》かって声《こえ》を張《は》りあげた。

「実《じつ》を言《い》うと、三人《さんにん》にはもう少《すこ》しここにいてもらおうと思《おも》ってるんだよね」

ベクターはそう言《い》い、愛《いと》おしそうに月《つき》を撫《な》でた。

グルーの胸《むね》に怒《いか》りが込《こ》みあげてきた。

「だめだ！　三人《さんにん》を返《かえ》せ！」

「うるさい！　ぼくちゃんは、気《き》まぐれなんだ！」

スクリーンは門扉《もんぴ》の向《む》こうに、引《ひ》っこんでいった。

なんて卑怯《ひきょう》なやつだ！　グルーは歯《は》ぎしりをした。塀《へい》のインターフォンに向《む》けて怖《こわ》い顔《かお》で告《つ》げた。

「よく聞《き》け、ウジ虫《むし》。今《いま》からそっちに行《い》くからな。ただじゃおかないぞ！」

その姿《すがた》が、基地内《きちない》のスクリーンに大映《おおうつ》しになった。グルーは拳《こぶし》でインターフォンを殴《なぐ》った。スクリーンにヒビが入《はい》った。

「ぼくちゃん、怖《こわ》〜い。おっとっと」

月《つき》が手《て》から落《お》ちそうになり、ベクターはあわててお手玉《てだま》のようにはずませた。

丸《まる》い大《おお》きなガラス玉《だま》の中《なか》に閉《と》じこめられていた、マーゴ、イディス、アグネスの三人《さんにん》が、冷《ひ》ややかにベクターを見《み》つめる。アグネスが言《い》った。

「お尻《しり》、蹴《け》っ飛《と》ばされちゃえ！」

「ブー！」

ベクターは平気《へいき》な顔《かお》で言《い》い、手元《てもと》のコントロールパネルを操作《そうさ》した。基地《きち》のドーム型《がた》の屋根《やね》が持《も》ちあがり、隙間《すきま》からいくつものミサイルがあらわれた。

ビューン！　何基《なんき》ものミサイルは弧《こ》を描《えが》いて空《そら》を飛《と》び、U《ユー》ターンして基地《きち》に戻《もど》ってきた。門《もん》の前《まえ》にいるグルー目《め》がけて。

グルーは飛《と》んでくるミサイルに向《む》かって走《はし》ると、そのうちの一基《いっき》に飛《と》びついた。そこからホッ、ハッ！　別《べつ》のミサイルに飛《と》びうつっていった。ミサイルはそのまま基地《きち》の門《もん》に命《めい》中《ちゅう》し、門《もん》が吹《ふ》っとばされた。

もうもうと立《た》ちこめる煙《けむり》の中《なか》、グルーは門《もん》の残骸《ざんがい》を踏《ふ》みしだいて、基地内《きちない》に向《む》かった。途中《とちゅう》の池《いけ》から、サメが大《おお》きな口《くち》をあけてグルーに飛《と》びかかる。グルーは表情《ひょうじょう》も変《か》えず、一発殴《いっぱつなぐ》っただけでサメを退治《たいじ》した。

その様子《ようす》をスクリーンで見《み》ていたベクターは、青《あお》ざめた。

「ホオジロザメがやられた！　脱出《だっしゅつ》だ！」

コントロールパネルのハンドルを回《まわ》した。


地上《ちじょう》にいたグルーは、目《め》を丸《まる》くした。基地《きち》の天井部分《てんじょうぶぶん》が宙《ちゅう》に浮《う》いたのだ。天井《てんじょう》には、脱《だっ》出《しゅつ》ポッドがついている。

くっそう、逃《に》げられたか！　娘《むすめ》たちは？

基地《きち》の横《よこ》には、ベクターが盗《ぬす》んだエジプトのピラミッドがあった。ポッドは、ピラミッドの上空《じょうくう》に差《さ》しかかろうとしている。

グルーは必死《ひっし》に、ピラミッドを駆《か》けのぼった。そしてポッドがちょうど真上《まうえ》に来《き》た瞬間《しゅんかん》、ポッドに飛《と》びついた。ずり落《お》ちそうになりながらも、なんとかポッドにしがみつく。

ゴー！　ヘリコプターと飛行機《ひこうき》を合体《がったい》させたような銀色《ぎんいろ》の機体《きたい》が、空《そら》を飛《と》んでいる。グルーの戦闘機《せんとうき》で、操縦《そうじゅう》しているのはネファリオ博士《はかせ》だ。博士《はかせ》は、前方《ぜんぽう》でポッドにしがみついているグルーを見《み》つけた。

「いたぞ！」

コックピット内《ない》の画面《がめん》に、グルーの姿《すがた》が映《うつ》される。今《いま》にもポッドからすべり落《お》ちそうだ。

「頑張《がんば》れ、グルー！」

博士《はかせ》は叫《さけ》んだ。が、グルーの両手《りょうて》はポッドから離《はな》れ、落《お》ちていった。

「ウワー！」

運《うん》のいいことに、墜落《ついらく》した先《さき》は、戦闘機《せんとうき》のコックピットの中《なか》だった。

「あれ？」

グルーは信《しん》じられず、顔《かお》をあげた。

「エヘヘ」

ミニオンたちが、グルーを見《み》て、ニコニコしている。俺《おれ》は助《たす》かったのか。グルーは胸《むね》を撫《な》でおろした。けれど、ぐずぐずしてはいられない。操縦席《そうじゅうせき》に駆《か》けより、博士《はかせ》に命令《めいれい》した。

「三人《さんにん》がさらわれた。急《いそ》げ！」

戦闘機《せんとうき》は黒《くろ》い煙《けむり》を噴《ふ》きだしながら、ポッドを追《お》いかけた。グルーは、あることに気《き》づいた。戦闘機《せんとうき》はたしか、縮《ちぢ》ませ光線銃《こうせんじゅう》で縮《ちぢ》んだはずだったのに？

「機体《きたい》がもとの大《おお》きさに戻《もど》ってるぞ」

操縦桿《そうじゅうかん》を握《にぎ》ったまま、ネファリオ博士《はかせ》が答《こた》えた。

「月《つき》も、もうすぐもとに戻《もど》る」

「なんだって？」

「対象《たいしょう》の物《もの》が大《おお》きければ大《おお》きいほど、縮《ちぢ》ませ光線《こうせん》の効《き》き目《め》が切《き》れるのも早《はや》い」

博士《はかせ》は説明《せつめい》した。

「これを名《な》づけて、ネファリオの法則《ほうそく》という。今《いま》、思《おも》いついたんだけどな」

まずい。ポッドの中《なか》の月《つき》がもとの大《おお》きさに戻《もど》ったら、どうなるんだ？　三姉妹《さんしまい》は？

グルーはあせった。

28

月《つき》は脱出《だっしゅつ》ポッド内《ない》のマグカップに入《はい》っていた。パチパチ電気《でんき》を放《はな》ちながら、ずんずん月《つき》が大《おお》きくなっていく。パリン！　マグカップが割《わ》れた。さらに月《つき》はふくらみつづける。

大《おお》きなガラス玉《だま》の中《なか》に閉《と》じこめられているマーゴは、ハッと息《いき》を呑《の》んだ。

「今《いま》の見《み》た？」

イディスとアグネスも、月《つき》が大《おお》きくなっていることに気《き》づいた。アグネスはイディスの背中《せなか》に隠《かく》れた。

ベクターは何《なに》も知《し》らず、ポッドの操縦《そうじゅう》を続《つづ》けている。

「ベクター！」

「ちょっと！」

マーゴとイディスが、口々《くちぐち》に叫《さけ》んだ。が、ベクターには聞《き》こえないらしい。マーゴたちはガラス玉《だま》をドンドン叩《たた》いた。

「うるさいぞ！　何《なに》を騒《さわ》いでる！」

前《まえ》を向《む》いたまま、ベクターが怒鳴《どな》った。

「月《つき》が！」

マーゴが叫《さけ》んだ瞬間《しゅんかん》、大《おお》きくなった月《つき》が転《ころ》がった。ポッドの機体《きたい》が、たちまち傾《かたむ》く。

「キャア！」

「ウワア！」

三姉妹《さんしまい》とベクターの悲鳴《ひめい》が響《ひび》いた。

ベクターは操縦席《そうじゅうせき》からすっとばされそうになったが、懸命《けんめい》に体勢《たいせい》を立《た》てなおし、ふたたび操縦桿《そうじゅうかん》を握《にぎ》った。

「いったい何《なに》が起《お》きたんだ？」

振《ふ》り向《む》いた瞬間《しゅんかん》、月《つき》が操縦席《そうじゅうせき》に転《ころ》がってきた。

「ウワア！」

ベクターを押《お》しつぶすと、さらに月《つき》は反対側《はんたいがわ》に転《ころ》がり、マーゴたちが閉《と》じこめられているガラス玉《だま》に向《む》かっていく。

「キャア、助《たす》けてえ！」

三人《さんにん》は絶叫《ぜっきょう》した。パリッ！　月《つき》が衝突《しょうとつ》し、ガラス玉《だま》が割《わ》れた。


「よーし、近《ちか》づけるとこまで近《ちか》づけ！」

グルーは大声《おおごえ》で命令《めいれい》した。みるみるうちにポッドに近《ちか》づいた。

「よっしゃ！」

グルーはコントロールパネルのボタンを押《お》した。戦闘機《せんとうき》の翼《つばさ》からワイヤーが発射《はっしゃ》された。ワイヤーはグイーンと伸《の》び、ポッドのハッチ（脱出口《だっしゅつこう》）に吸《す》いついた。


「ウワア！」

ポッドの中《なか》では月《つき》がゴロゴロ転《ころ》がり、マーゴたちは必死《ひっし》に逃《に》げようとしていた。そのとき、ハッチがあいた。戦闘機《せんとうき》の翼《つばさ》に立《た》っているグルーの姿《すがた》が見《み》える。

「あ、グルーさん！　こっちよ」

ハッチの際《きわ》に立《た》ち、マーゴが手《て》を振《ふ》った。

「グルーさん！」

「グルーさん！」

イディスもアグネスも、口々《くちぐち》に叫《さけ》んだ。グルーの姿《すがた》を見《み》て、どっとうれしさが込《こ》みあげてきた。グルーさん、絶対《ぜったい》に来《き》てくれると思《おも》ってた！

「いいか、みんな！」

翼《つばさ》の上《うえ》で、グルーは両手《りょうて》を大《おお》きく広《ひろ》げた。

「三人《さんにん》とも、こっちに跳《と》びうつれ！」

「跳《と》べ？　本気《ほんき》で言《い》ってるの？」

イディスが、信《しん》じられないといった顔《かお》で叫《さけ》んだ。

「俺《おれ》が絶対《ぜったい》、つかまえるから！」

グルーは声《こえ》を張《は》りあげた。どうか、俺《おれ》を信《しん》じてくれ！　祈《いの》るような思《おも》いだった。

「施設《しせつ》に返《かえ》したくせに！」

マーゴがアグネスを抱《だ》きよせ、グルーを非難《ひなん》した。

「わかってる！　あれは俺《おれ》の人生最大《じんせいさいだい》の過《あやま》ちだった。謝《あやま》るから、跳《と》びうつれ！」

グルーは翼《つばさ》の先端《せんたん》まで歩《ある》いていった。

マーゴはグルーを信《しん》じることにした。こんなところまで、助《たす》けにきてくれたんだもの。きっと、絶対《ぜったい》に受《う》けとめてくれるわ！

29

「大丈夫《だいじょうぶ》よ」

マーゴはほかのふたりにうなずいて見《み》せると、アグネスの手《て》を引《ひ》いて、ハッチを支《ささ》えているポールにつかまった。イディスもそれに続《つづ》く。

ここで足《あし》をすべらせたら、一巻《いっかん》の終《お》わりだ。三人《さんにん》とも足《あし》が震《ふる》え、胸《むね》がドキドキしている。

「さあ、おいで！」

グルーがさらに両手《りょうて》を広《ひろ》げた。

「さあ、跳《と》んで！」

マーゴに背中《せなか》を押《お》され、イディスはアグネスを抱《かか》えて跳《と》びおりた。グルーは見事《みごと》にふたりをキャッチ！　翼《つばさ》にいるミニオンたちに、ふたりを預《あず》けた。

あとはマーゴだ。ポールにつかまり、震《ふる》えている。

グルーは叫《さけ》んだ。

「マーゴ、絶対《ぜったい》に受《う》けとめるから！　二度《にど》とおまえらを離《はな》したりしないから！」

マーゴは勇気《ゆうき》を出《だ》してポールから手《て》を離《はな》し、跳《と》びおりようとした。その瞬間《しゅんかん》、襟首《えりくび》をうしろからつかまれた。ベクターだ！

「返《かえ》さないぞ！」

ベクターはマーゴを片腕《かたうで》に抱《だ》きよせ、不敵《ふてき》に笑《わら》った。

「離《はな》してよ！」

マーゴは身《み》をよじって抵抗《ていこう》した。ベクターは武器《ぶき》を取《と》りだし、グルーに向《む》ける。

「ワーハッハ！」

ベクターの高笑《たかわら》いが響《ひび》いたその瞬間《しゅんかん》、大《おお》きくなった月《つき》がハッチにせりだした。ベクターは押《お》しだされ、ハッチにぶら下《さ》がった。マーゴはそのまま落下《らっか》していく。

「マーゴ！」

グルーは叫《さけ》んだ。マーゴは、グルーの戦闘機《せんとうき》とポッドをつなぐワイヤーを、かろうじてつかんだ。両手《りょうて》でぶら下《さ》がる。

「待《ま》ってろ、今行《いまい》くから！」

グルーはワイヤーの上《うえ》を歩《ある》きだした。サーカスの綱渡《つなわた》りと同《おな》じだ。なんとか両手《りょうて》でバランスを取《と》りながら進《すす》んでいたが、

「おっと」

足《あし》をすべらせ、ワイヤーから落《お》ちそうになった。あわててワイヤーを両手《りょうて》でつかみ、ぶら下《さ》がった。両脚《りょうあし》をワイヤーに巻《ま》きつけ、マーゴに近《ちか》づく。

よいしょ、よいしょ。ミニオンたちは戦闘機《せんとうき》の翼《つばさ》の上《うえ》で、懸命《けんめい》にワイヤーを引《ひ》っ張《ぱ》った。

が、ブチッ！　ハッチに吸《す》いついていたワイヤーが切《き》れ、グルーとマーゴは空中《くうちゅう》に飛《と》びだした。

「ウワア！」

「キャア！」

ふたりの悲鳴《ひめい》が響《ひび》く。グルーは空中《くうちゅう》でマーゴを抱《だ》きとめた。もうだめか、ふたりして落《お》ちていくのか、と思《おも》った瞬間《しゅんかん》、グルーの手《て》を誰《だれ》かが握《にぎ》った。ミニオンだ。翼《つばさ》からミニオンたちが一列《いちれつ》になってぶら下《さ》がり、グルーたちを助《たす》けたのだ。

「つかまえた」

グルーはマーゴを固《かた》く抱《だ》きしめた。

ミニオンたちが一体《いったい》ずつ翼《つばさ》に引《ひ》きあげられ、グルーも翼《つばさ》に近《ちか》づいた。そのとき、ポッドが破裂《はれつ》し、ベクターは空中《くうちゅう》に放《ほう》りだされた。そうして、もとの大《おお》きさに戻《もど》った月《つき》の上《うえ》に落《らっ》下《か》。月《つき》は宇宙《うちゅう》に戻《もど》っていった。

ぽっかり浮《う》かぶ月《つき》を、グルーと三姉妹《さんしまい》、ミニオンたちは戦闘機《せんとうき》の翼《つばさ》から見《み》ていた。月《つき》に取《と》り残《のこ》されたベクターは、地球《ちきゅう》を見《み》てつぶやいた。

「むかつく」

30

その夜《よる》のニュースは、月《つき》の話題《わだい》でもちきりだった。

髪《かみ》を派手《はで》に立《た》てたテレビのキャスターが、重々《おもおも》しい顔《かお》で告《つ》げた。画面《がめん》の右上《みぎうえ》には、空《そら》に浮《う》かぶ月《つき》が映《うつ》しだされている。

「今回《こんかい》は正義《せいぎ》が勝利《しょうり》をおさめ、月《つき》は無事《ぶじ》に空《そら》のあるべき場所《ばしょ》へと戻《もど》りました。けれど当局《とうきょく》は何《なに》もつかめておらず、謎《なぞ》は深《ふか》まるばかりです。今回《こんかい》のヒーローは誰《だれ》か？　次《つぎ》は何《なに》をするつもりなのか？」

グルー邸《てい》の子《こ》どもたちの寝室《しんしつ》。

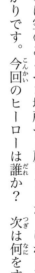

「さあ、みんな。眠《ねむ》る時間《じかん》だぞ」

グルーは三姉妹《さんしまい》をベッドに追《お》い立《た》てた。

「それじゃ、お話《はなし》読《よ》んで！」

イディスが言《い》うと、すかさずアグネスがねだった。

「『おネムの子猫《こねこ》』がいい！」

「残念《ざんねん》だけど、あの本《ほん》はアクシデントがあって、わざと捨《す》ててしまったんだ」

グルーは口《くち》からでまかせを言《い》った。別《べつ》の計画《けいかく》があったのだ。

「今夜《こんや》は新《あたら》しい本《ほん》を読《よ》もう」

そう言《い》って、一冊《いっさつ》の本《ほん》を取《と》りだした。

「これだ。タイトルは『一匹《いっぴき》の大《おお》きなユニコーン』」

グルーは床《ゆか》に座《すわ》った。

「書《か》いたのは、誰《だれ》だと思《おも》う？」

三姉妹《さんしまい》を見《み》まわし、もったいぶって告《つ》げた。

「書《か》いたのは、俺《おれ》だ！　しかも、仕掛《しか》けがある。見《み》てごらん！」

グルーは顔《かお》を本《ほん》にくっつけた。表紙《ひょうし》に描《えが》かれたユニコーンの頭《あたま》のてっぺんにあいた穴《あな》から、グルーのとんがり鼻《ばな》が突《つ》きでた。まるでユニコーンの角《つの》みたいに見《み》える。

「ほら、角《つの》だ！」

三姉妹《さんしまい》はベッドで、クスクス笑《わら》った。

「きっとそれ、最高《さいこう》の絵本《えほん》だね！」

アグネスはうれしそうに目《め》を輝《かがや》かせた。その顔《かお》を見《み》るだけで、本《ほん》を書《か》いたかいがあるというものだ。グルーは胸《むね》を張《は》った。

「自慢《じまん》するわけじゃないけど、そうだな、最高《さいこう》かもしれない。じゃあ、読《よ》むぞ」

グルーは最初《さいしょ》のページを開《ひら》くと、読《よ》みはじめた。

「『大《おお》きなユニコーンは、自分《じぶん》が強《つよ》くて自由《じゆう》でしあわせだと思《おも》っていました』」

次《つぎ》のページをめくると、右側《みぎがわ》に三匹《さんびき》の子猫《こねこ》があらわれた。ピンクのニット帽《ぼう》をかぶっている猫《ねこ》、黒縁《くろぶち》の眼鏡《めがね》をかけた猫《ねこ》、頭《あたま》の上《うえ》に髪《かみ》が突《つ》っ立《た》っている猫《ねこ》。いちばん小《ちい》さなその猫《ねこ》が、ユニコーンに武器《ぶき》を向《む》けている。

「『ところが三匹《さんびき》の子猫《こねこ》があらわれて、ユニコーンの生活《せいかつ》は、しっちゃかめっちゃかになりました』」

「そのニットの帽子《ぼうし》をかぶってる猫《ねこ》、あたしにそっくり！」

イディスが声《こえ》をあげる。

「ちがうよ。何言《なにい》ってる？　これは猫《ねこ》。もし誰《だれ》かに似《に》ていても、それはただの偶然《ぐうぜん》です」

グルーは言《い》い張《は》り、次《つぎ》のページをめくった。ユニコーンと子猫《こねこ》たちが、ジェットコースターに乗《の》っている絵《え》があらわれた。

「『ユニコーンは三匹《さんびき》に笑《わら》い、別《わか》れて泣《な》いた』」

そこでグルーは、ため息《いき》をついた。

「『〝ずっと一緒《いっしょ》にいればよかった〟。ユニコーンは三匹《さんびき》の子猫《こねこ》と別《わか》れることは絶対《ぜったい》にできないと悟《さと》り、心《こころ》を変《か》えました』」

パタンと本《ほん》を閉《と》じて立《た》ちあがり、グルーは言《い》った。

「これでおしまい。さあ、寝《ね》た寝《ね》た。おやすみ」

戸口《とぐち》に向《む》かい、明《あ》かりを消《け》して振《ふ》り返《かえ》ると、三姉妹《さんしまい》はすやすや寝《ね》ている。グルーはそっとアグネスに近《ちか》づき、頭《あたま》にキスをした。次《つぎ》はイディス、そしてマーゴにキスしようとすると、マーゴが抱《だ》きついてきた。

「大好《だいす》きよ」

「俺《おれ》も大好《だいす》きだ」

満足《まんぞく》して寝室《しんしつ》を出《で》ると、廊下《ろうか》にミニオンたちが勢《せい》ぞろいしている。先頭《せんとう》のミニオンが、

「あーパラパラ。チュッ」

と、キスの真似《まね》をした。自分《じぶん》たちもキスしてほしいのだ。

「それはだめだ」

「エ〜」

ミニオンたちの口《くち》から、がっかりしたような声《こえ》が出《で》る。泣《な》きだすミニオンもいた。

「わかった」

グルーはため息《いき》をついて、廊下《ろうか》にひざまずいた。ミニオンたちは一列《いちれつ》に並《なら》び、つぎつぎにグルーにキスしてもらった。


「こっち、こっち！」

グルーは母親《ははおや》を手招《てまね》きした。ここはグルー邸《てい》の地下室《ちかしつ》。たくさん並《なら》んだ椅子《いす》の最前列《さいぜんれつ》に、母親《ははおや》は座《すわ》った。客席《きゃくせき》のうしろでは、ネファリオ博士《はかせ》がビデオカメラをかまえている。

ブザーが鳴《な》り、ステージの幕《まく》があがった。真《ま》ん中《なか》にアグネス、その両脇《りょうわき》にマーゴとイディスが並《なら》んでいる。三人《さんにん》ともバレエの衣装《いしょう》を身《み》に着《つ》け、ポーズを取《と》っている。音楽《おんがく》が鳴《な》ると、三人《さんにん》は踊《おど》りだした。

音響係《おんきょうがかり》を務《つと》めているのは、一体《いったい》のミニオンだ。音楽《おんがく》に合《あ》わせて、そのミニオンも手《て》をひらひらさせて舞《ま》った。

三姉妹《さんしまい》は一糸乱《いっしみだ》れぬ動《うご》きで、踊《おど》りつづけている。

「うまいもんだなあ」

グルーは、うっとりとした顔《かお》になった。横《よこ》から母親《ははおや》がグルーを肘《ひじ》で突《つ》いた。

「あんたは自慢《じまん》の息子《むすこ》だよ。こんないい親《おや》になるなんて。あたしみたいだ。いや、あたしよりいい親《おや》かもしれないね」

音響係《おんきょうがかり》のミニオンが踊《おど》りつづけていると、別《べつ》のミニオンがトコトコやってきた。

「ペカッ」

踊《おど》っていたミニオンは照《て》れ笑《わら》いをした。そのミニオンを突《つ》きとばし、もう一体《いったい》のミニオンは自分《じぶん》が音響装置《おんきょうそうち》の前《まえ》に立《た》った。それまでのクラシック音楽《おんがく》から一変《いっぺん》、ディスコサウンドが場内《じょうない》に流《なが》れた。

三姉妹《さんしまい》はびっくりしたが、さっそくダンスを踊《おど》りだした。座《すわ》っていたミニオンたちも大喜《おおよろこ》びだ。

「ホッホッー」

歓声《かんせい》があがる。ステージの上《うえ》から、マーゴはグルーに手《て》を差《さ》しだした。

「え？　俺《おれ》？　いや、俺《おれ》はいいよ」

グルーは断《ことわ》ったが、客席《きゃくせき》におりてきたマーゴに無理《むり》やり手《て》を引《ひ》かれ、ステージに連《つ》れていかれた。客席《きゃくせき》に戻《もど》ろうとすると、ワーッとミニオンたちがステージに押《お》しかけ、グルーもその波《なみ》にのまれて、ステージに立《た》った。

こうなったら、踊《おど》るしかない。グルーは覚悟《かくご》を決《き》めて、ステージの真《ま》ん中《なか》で踊《おど》りはじめた。見事《みごと》なダンスだ。周囲《しゅうい》を取《と》りかこむミニオンたちや三姉妹《さんしまい》も、見《み》とれている。

なんと、ネファリオ博士《はかせ》やグルーの母親《ははおや》までが踊《おど》りだすではないか。

グイーン。グルーと三姉妹《さんしまい》を乗《の》せた台《だい》がせりあがる。グルーはアグネスを肩《かた》に乗《の》せた。

台《だい》はグルー邸《てい》の屋根《やね》からさらに高《たか》く伸《の》びていった。

目《め》の前《まえ》に、ぽっかり月《つき》が浮《う》かんでいる。

あの月《つき》を盗《ぬす》むために利用《りよう》しようとして、三姉妹《さんしまい》を養護施設《ようごしせつ》から引《ひ》き取《と》ったグルーだが、
今《いま》ではマーゴ、イディス、アグネスはなくてはならない存在《そんざい》になった。家族《かぞく》になったのだ。

グルーと三姉妹《さんしまい》は、うっとりと月《つき》を眺《なが》めた。

Shogakukan Junior Bunko

★小学館ジュニア文庫★

怪盗グルーの月泥棒

2018年 7 月 4 日　初版第 1 刷発行

著者／澁谷正子

発行人／立川義剛
編集人／吉田憲生
編集／油井 悠

発行所／株式会社　小学館
〒101-8001　東京都千代田区一ツ橋２－３－１
電話　編集　03-3230-5105
販売　03-5281-3555

印刷・製本／中央精版印刷株式会社

デザイン／水木麻子

Printed in Japan　ISBN 978-4-09-231236-4
http://minions.jp/

★「小学館ジュニア文庫」を読んでいるみなさんへ★

この本《ほん》の背《せ》にあるクローバーのマークに気《き》がつきましたか？

オレンジ、緑《みどり》、青《あお》、赤《あか》に彩《いろど》られた四《よ》つ葉《ば》のクローバー。これは、小学館《しょうがくかん》ジュニア文庫《ぶんこ》のマークです。そして、それぞれの葉《は》の色《いろ》には、私《わたし》たちがジュニア文庫《ぶんこ》を刊行《かんこう》していく上《うえ》で、みなさんに伝《つた》えていきたいこと、私《わたし》たちの大切《たいせつ》な思《おも》いがこめられています。

オレンジは愛《あい》。家族《かぞく》、友達《ともだち》、恋人《こいびと》。みなさんの大切《たいせつ》な人《ひと》たちを思《おも》う気《き》持《も》ち。まるでオレンジ色《いろ》の太陽《たいよう》の日差《ひざ》しのように心《こころ》を暖《あたた》かにする、人《ひと》を愛《あい》する気《き》持《も》ち。

緑《みどり》はやさしさ。困《こま》っている人《ひと》や立場《たちば》の弱《よわ》い人《ひと》、小《ちい》さな動物《どうぶつ》の命《いのち》に手《て》をさしのべるやさしさ。緑《みどり》の森《もり》は、多《おお》くの木々《きぎ》や花々《はなばな》、そこに生《い》きる動物《どうぶつ》をやさしく包《つつ》み込《こ》みます。

青《あお》は想像力《そうぞうりょく》。芸術《げいじゅつ》や新《あたら》しいものを生《う》み出《だ》していく力《ちから》。立場《たちば》や考《かんが》え方《かた》、国籍《こくせき》、自分《じぶん》とは違《ちが》う人《ひと》たちの気《き》持《も》ちを思《おも》い、協力《きょうりょく》しあうことも想像《そうぞう》の力《ちから》です。人間《にんげん》の想像力《そうぞうりょく》は無限《むげん》の広《ひろ》がりを持《も》っています。まるで、どこまでも続《つづ》く、澄《す》みきった青《あお》い空《そら》のようです。

赤《あか》は勇気《ゆうき》。強《つよ》いものに立《た》ち向《む》かい、間違《まちが》ったことをただす気《き》持《も》ち。くじけそうな自分《じぶん》の弱《よわ》い気《き》持《も》ちに立《た》ち向《む》かうことも大《おお》きな勇気《ゆうき》です。まさにそれは、赤《あか》い炎《ほのお》のように熱《あつ》く燃《も》え上《あ》がる心《こころ》。

四《よ》つ葉《ば》のクローバーは幸《しあわ》せの象徴《しょうちょう》です。愛《あい》、やさしさ、想像力《そうぞうりょく》、勇気《ゆうき》は、みなさんが未来《みらい》を切《き》りひらき、幸《しあわ》せで豊《ゆた》かな人《じん》生《せい》を送《おく》るためにすべて必要《ひつよう》なものです。

体《からだ》を成長《せいちょう》させていくために、栄養《えいよう》のある食《た》べ物《もの》が必要《ひつよう》なように、心《こころ》を育《そだ》てていくためには読書《どくしょ》がかかせません。みなさんの心《こころ》を豊《ゆた》かにしていく本《ほん》を一冊《さつ》でも多《おお》く出《だ》したい。それが私《わたし》たちジュニア文庫編集部《ぶんこへんしゅうぶ》の願《ねが》いです。

みなさんのこれからの人生《じんせい》には、困《こま》ったこと、悲《かな》しいこと、自分《じぶん》の思《おも》うようにいかないことも待《ま》ち受《う》けているかもしれません。どうか「本《ほん》」を大切《たいせつ》な友達《ともだち》にしてください。どんな時《とき》でも「本《ほん》」はあなたの味方《みかた》です。そして困難《こんなん》に打《う》ち勝《か》つヒントをたくさん与《あた》えてくれるでしょう。みなさんが「本《ほん》」を通《つう》じ素敵《すてき》な大人《おとな》になり、幸《しあわ》せで実《みの》り多《おお》い人生《じんせい》を歩《あゆ》むことを心《こころ》より願《ねが》っています。

小学館ジュニア文庫編集部